圣严法师◎著

活在当下

华东师范大学出版社

图书在版编目（CIP）数据

活在当下 / 圣严法师著. —上海 ：华东师范大学出版社，2012.12

ISBN 978-7-5675-0132-4

Ⅰ. ①活… Ⅱ. ①圣… Ⅲ. ①人生哲学-通俗读物
Ⅳ. ①B821-49

中国版本图书馆 CIP 数据核字(2012)第 301652 号

台湾法鼓山文教基金会授权
华东师范大学出版社有限公司独家出版简体中文版

活在当下

著　　者　圣严法师
项目编辑　许　静　储德天
特约编辑　邱承辉
审读编辑　申　浩
封面设计　吕彦秋

出版发行　华东师范大学出版社有限公司
社　　址　上海市中山北路 3663 号，邮编 200062
网　　址　www.ecnupress.com.cn
电　　话　021-60821666　行政传真 021-62572105
客服电话　021-62865537(兼传真)　门市电话　021-62869887(邮购)
地　　址　上海市中山北路 3663 号华东师范大学校内先锋路口
网　　店　http://hdsdcbs.tmall.com

印 刷 者　北京京都六环印刷厂
开　　本　880×1270　32 开
印　　张　4.5
字　　数　90 千字
版　　次　2014 年 1 月第 1 版
印　　次　2017 年 1 月第 2 次印刷
书　　号　ISBN 978-7-5675-0132-4/B.746
定　　价　18.00 元

出 版 人　王　焰

（如发现本版图书有印订质量问题，请寄回本社市场部调换或电话 021-62865537 联系）

活在当下

目录
Contents

五、智慧的圆融

Chapter 1

生命的本质

我曾经看过一张漫画，画中的先生背了一栋房子，房子里住着太太及挤得满满的小孩，小孩之中有的吵着要玩具，有的要书，有的要吃，有的要穿。太太呢？张着大嘴，嘶喊着："死鬼的薪水太少，家庭开支太多，房子太小！"那先生呢？慢慢地，腰弯了下去，直到头靠着地，爬着走。

时空与生命

时间过得真快，记得我还在当小沙弥的时候，看到年纪上了五十、六十岁的人，心里总会想：“这些老人家好可怜，他们没有多久就要去了，可是怎么还过得快快乐乐、若无其事的样子?”转眼间，没想到自己也过了五十岁，而且更加快速度地奔向六十岁的旅程。

一、岁月不饶人

十年前，我在日本读书，假期回来，去拜访台北华严莲社的南亭老法师，他是我当小沙弥时代的老师。他老人家请我吃饭，席间问我：

“圣严啊！你今年几岁啦?”

“老法师，我已经四十四了。”我说。

“什么！你怎么也四十四了?”他惊问道。

“惭愧！虚度四十四年，毫无成就。”我说。

他眼睛一转，看着同桌吃饭的徒孙成一法师，问道：

“成一啊！你今年几岁啦?”

“我比圣严法师大一肖，痴长他十二岁。”成一法师说。

“还得了！你怎么也五十六岁啦!”他又惊讶地说。

看那样子，好像不准我们活到四十四岁、五十六岁似的，我就反问他老人家：“老法师，您老的高寿多少岁呢？”

“我啊！七十四。”他说。

“嘿！您老人家已活了七十四岁，而我们才活四十四岁、五十六岁，又有什么可惊奇的呢？”我说。

“哦！时间过得这么快啊！”他叹道。

一转眼，南亭老法师在去年（1982）以八十三岁的高龄圆寂了！现在诸位都还年轻，再不多久，你们也会变成中年人，然后老年人，接着看不到了！这“时间”实在是太有限了！

二、沧海桑田

打禅七的时候，我曾经教人家算，如果我们活到一百岁，能有多少次呼吸？若依一分钟仅十六次计算，推算到一百岁，我们的呼吸也仅有八亿四千万次而已，实在有限得很。试想想，我们若有八亿四千万的财产，是不是很了不起？其实一点也不！因为钱可以赚进来，可以花掉，花了又可以赚回来，而呼吸呢？呼吸一口气，就少了一口气，因此生命实在很有限、很宝贵，不是钱财可以比的。所以我们要使生命拉长，拉得越长越好！但是用什么方法来拉？又怎么个拉法？诸位！我们念“阿弥陀佛”到底是什么意思？经中说阿弥陀佛是“无量寿、无量光”的意思。

所谓“无量寿”就是指时间。我们通常讲“福如东海，寿比南山”，这个南山究竟有多老？有人说：“我祖父看过南山，曾祖父也看过，远高祖、远曾祖都看过，所以南山存在的时间已好久了喔!”其实呢?南山存在的时间并不长。

我们上星期到高雄市演讲，高雄有个寿山，在寿山上可以看到珊瑚石，珊瑚石里边还有许多贝壳的陈迹，那些珊瑚贝壳是谁把它放上去的呢?大概是上帝摆到山上去的?还是那些鬼或是什么神把它们摆上去的?诸位!你们说是不是这样子的?绝对不是!那是因为地球表层发生大变动，使山沉到海底，使海底升上来成为山。而这些在山上的海底贝壳尚未风化掉，所以我们还可以看得到，也因此可以推断，这座山的历史一定不会太久。

还有，高雄有一座佛教堂，听说动土的时候，从地底下挖出来好几个大贝壳的化石，根据考古学家的鉴定，这些化石有两亿年以上历史。这佛教堂是在高雄市苓雅区内，市区里头竟然可以挖到两亿年前的大化石，可见那个地方在两亿年以前是海。因此同样地，山虽暂时不动，山的寿命也并不长。

根据佛经，我们的地球到底是怎么形成的?经典里说：我们这个世界最初是没有的，接着开始有了空气，也就是风轮;渐渐地气体变成了液体，也就是由风轮而形成了水轮;然后液体逐渐变成固体，亦即水轮形成了地轮;然后再从液体及固体里产生各种生命。然而这些生命究竟是从哪里来的?依照佛经所说的，地球上最初的人，是从光音天下来的。

三、“我”命最长

从前面所说的看来，这个世界是有限的，所以“南山”究竟有多老?其实一点都不老。而南山比起“我”来，到底谁老?这

“南山”更无从比起，因为从无始以来就有“我”，没有“我”不会形成这个世界，不会有众生，不会有凡夫，不会有生死轮回。而我们每个人都有个“我”，所以从遥远的过去到现在，死了又生，生了又死，在生死大海中头出头没，因此“南山”并不老，“我”才是最老的。

我们从个体的生命来看，几十年过后，不想老也要老；从环境的山川大地来看，也有沧海桑田的时候，所以生命极为有限。但这个世界上，仍有许多人想长生不老，譬如道家的辟谷炼丹，而事实上到现在为止，到底有谁长生不老呢？在历史上听说有个彭祖活到八百岁，陈抟活到六百岁；而我们建国几十年，加上清朝两百多年，明朝两百多年，元朝九十几年，宋朝加上唐朝，一千三百六十多年已过去了。这八百岁或六百岁，实在不长。所以我们想要身体长生不老，久远存在，是不可能的，而生命也实在太短促了。

但是这个“我”，从时间上来讲，是长久的，如果修行不从生死里解脱的话，“我”将会使你永远无限期地在生死中轮回下去！

你们有没有听说过无间地狱呢？我们常说的阿鼻地狱就是无间地狱，无间地狱就是在时间上一直无间断地受苦下去，直到业报尽了，才从地狱里边出来。事实上，我们每一个人不从生死当中解脱的话，与在地狱没有两样，好比永不天亮的长夜。我们在这漫漫的长夜里做什么呢？做梦啊！做什么梦？有的是美梦，有的是噩梦，有的是糊涂梦，而做美梦的时间实在是不多的。

四、人生得意知多少

诸位！听说过人生有四大赏心乐事吗？

1. 久旱逢甘霖

干旱太久了，一下子遇到雨，这实在是难得的很，但是万一接连几十天雨下个不停呢？应该要改成“久雨逢晴天”才是赏心乐事吧？

2. 他乡遇故知

好友隔了好久好久没见面，好不容易又在异地见到了，真有说不尽的高兴哟！可是如果有一个“故知”老是缠着你，你的心里可能就会嘀咕了：“这个家伙！真讨厌！在我家里做几天的客人，玩玩是可以的，但不能老是赖着不走啊！我自己有自己的家庭生活要过，有自己的事业要忙呢！”这时候你心里最期望的应该是“客去主安乐”吧！

3. 洞房花烛夜

花烛夜过了以后呢？我曾经看过一张漫画，画中的先生背了一栋房子，房子里住着太太及挤得满满的小孩，小孩之中有的吵着要玩具，有的要书，有的要吃，有的要穿。太太呢？张着大嘴，嘶喊着：“死鬼的薪水太少，家庭开支太多，房子太小！”那先生呢？慢慢地，腰弯了下去，直到头靠着地，爬着走。这是洞房花烛夜的结果！虽然也不乏生财有道，不致为生活愁苦的，但在这世间上的夫妻之中，又有多少是神仙眷属呢？他们多数是在欢天喜地之中结合，却在吵吵闹闹、恩怨难分之下度过一生，甚或仳离。可是，诸位！你们要结婚的还是照样结喔！我这种论调，你们虽能听懂，却无法不结婚。

4. 金榜题名时

科举时代，乃至到今日，考试后公布录取的名单，称为放榜。如果在京城会试、殿试，能够榜上有名，便当官有份了。可是，当官也有当官的苦，每天交际应酬，上面的人监督你、压制你，下面的人恳求你，同辈的人排挤你、嫉妒你，真的是疲于应付，所以官场上的人多半是没有自己的个性及原则的，苦啊！难怪清朝的顺治皇帝要说“为君三万六千日，不及僧家半日闲”了，可见皇帝都没有和尚来得舒服，何况是做官呢！

可是就像我这样的一个和尚，也很苦，从早到晚，从今天到明天，极少有休息的时间；求我的人越多我就越忙，越忙也就越苦了。所以不要说金榜题名、扬名声显父母定是好事，所谓“人怕出名，猪怕肥”，人一旦有了“名”，“盛名之累”也将随之而至了！

五、人生如梦

所以从时间上来看，欢乐是太短促了。而苦呢？却是非常的长。但不管是苦、是乐，这都是梦。如果不修行、不解脱，这梦便没有醒的时候。但是醒了，也不是一醒就永远醒的，好比早上醒来，梦是醒了，晚上睡觉的时候，又去做梦了。还有的是早上醒了，但在白天里，也会睁着眼呆呆地做白日梦。因此众生愚痴，在无限期的时间里，都在做梦，所以才叫做“长夜漫漫”、“醉生梦死”。而在这长梦里头的主角是谁呢？就是“我”！

生死的梦，想逃都逃不掉。有没有人想到，活了几十岁，最多百岁左右，最后也难免一死？就如前面说的，我小时候看到的那些老人家，怎么没有想到他们快要死了？你们想想，老人家会想到死吗？他们是知道这回事的。可是，你们说，谁愿想到死呢？即使明明知道一口气上不来就是死，却不会想到“我会马上死”。

所以对“人都会死”这个问题，很少人有这样的警觉心。只有印光大师，他写了一个“死”字，挂在他房间里，时时刻刻面对着“死”这个现实的问题。

所以，我们要利用这个还没有死以前的生命，好好做一些利己利人的事，好好用功，好好地活下去，否则，生的时候如醉汉，死了以后又是另一场梦的开始。到哪里去做梦？天上天下，到牛胎、马腹，猪、狗、猫的肚子里托生做梦！更糟糕的是，还有苍蝇、蚂蚁、蚊子，也得去做。

记得在这里（农禅寺），有一回我向一个信徒的小孩说：“甲虫、蚂蚁，好可怜哟！”

“才不呢，它们好可爱！你看，我飞不起来，甲虫却会飞呢！还有蚂蚁会钻地洞，我却钻不进去。我好羡慕它们喔！”那小孩天真地说。

六、时间的超越

诸位，你们不是小孩，是不是也羡慕甲虫会飞、蚂蚁会钻地洞呢？其实我们好不容易投生为人，一旦为人的时候，就想把生命拉长而不想死。想要长命的话，容易得很，只要尽做坏事，做得越多越好，做得越坏越好，这样就可以长寿了，那便是到地狱里边接受苦报，很久很久以后都出不来。厌苦欣乐是人的本能，相信无人愿意如此长寿。

相反地，要想“短命”，倒不容易。从此以后不再轮回生死，而且要快，要克期取证，希望打一个禅七或佛七，在一个七中便能证得阿罗汉果，乃至成佛！也就是说我这个生死轮回的“命”，从此以后不要有了。所以要“短命”，实在是不容易的事！

可是我们若是感到时间有长短的话，我们就是在时间里头；如果能超出时间之外，没有时间了，那就叫“无量寿”。而众生因为都在时间内，没有离开过时间，所以不管怎样，都是有量的，而且还可以分段计算。譬如人的一天、一岁、一生，就是一个一个的段落；前生、今生、来生，一生又一生，这也是一个一个的段落。在人间造福者生到天上去，造罪者堕到地狱里，当天福享尽了，或地狱罪报受完了，这又是一个段落的结束与开始。因此在六道生死中，出生入死、入生出死，这一段一段的过程，我们称为分段生死，这都是有量的。唯有出三界、出离生死轮回以后，才没有时间的段落可分。出了三界就是证阿罗汉果，证了阿罗汉果的人，再也没有时间可以衡量他，因为他已不在生死之中，已超出时间之外。

在大乘佛教里，没有到八地菩萨以前，他的时间还存在。而到了八地以上的菩萨，若以他们自内证的体验，当然已经没有时间的长短可分了；若以在众生中行菩萨道而言，因为众生在时间里，菩萨为了度众生，所以也在时间里头。因此，若以众生来看菩萨，即使是等觉菩萨，没有不在时间内的。初地以上菩萨的时间段落，叫做变异生死，与凡夫的分段生死不同；凡夫是以罪福而感六道轮回的生死，菩萨是以果位的递升，在福德智慧的增长中，渐渐完成圆满的佛果，这就是时间的超越和生命的完成。

七、“我”的空间好小哦

接着要讲的是空间与生命。诸位说说看，我们活动的空间范围有多大？有人说：“花莲我没去过！阿里山我没有到过！”又有人说：“玉山我没爬过。”这仅仅是在台湾之内而已。然而台湾在地球总面积的比例上，实在是小之又小的一个地方，对诸位来讲，就已经有那么多地方没去过，也因为有那么多地方没有到过，所以错觉台湾是个很大的地方，那是由于我们活动空间的范围太有限了。纵然知识上知道台湾不大，在经验上却仍觉不小。

再来看我们每一个人的身体的存在，总是自以为它很重要，也好像是蛮大的，虽然仅仅一米多高的身体，但已自觉得顶天立地，胸怀万丈了。其实，万丈固然有限，我们所能感知的天地也极有限。这也就是说，我们的身体，所能活动的范围实在太有限了。

诸位有没有到过地球的那边？如果没去过的话，那么地球那边听起来好像很远。而像我这样的一个人，从地球那边去了又回来，回来了再去，来来去去的，比我从台北到台南的次数还多，所以在我看来，就觉得地球实在不大！

奇怪的是，我在地球那边的马路上，常会看到我在台湾认识的人，而且在纽约我是很少出来逛街的，可是偏就碰到了那些人。记得有一回，我在纽约地铁的车上，遇到在台湾做生意的熟人，我惊讶地问："咦？你怎么也坐这班车？你在美国也常常坐这条路线的车子吗？"

"没有啊！我才第一次来美国呢！"他也惊奇地回答着。

所以说，在从地球那边到这边的来来去去的人看，我们所处的空间是多么狭小。然后再从太空人的眼里来看地球，我们这个地球就更小了。可是，从地球乘坐火箭而射出的太空飞行员距离地球又有多远呢？实在也是离不了多远。到目前为止，尚没有一位太空人，能脱离环绕地球的轨道，飞向太阳系其他行星。然而从整个太空来看，我们的地球实在只是一艘小小的太空船而已。

八、无量光的距离

我们说阿弥陀佛是"无量寿、无量光"；寿是时间，光是空间。光所照的空间，又有远近之分。诸位，你们说"无量光"是指的什么？是不是红光、绿光、青光、白光等无量颜色的光？还是萤光、油灯光、电灯光、星光、月光、日光？不是的。无量光的意思，是指光明遍照无限深、远、广、大的力量，充满于空间又超乎空间范围的存在。

各位有没有听说过光年？例如从某个星球到地球有多少万光年的距离。光年是以光的速度所经过的时间来说明空间距离的远近。一光年的距离是九万四千六百亿公里，每秒的光速是三十万公里，而地球的直径只有一万二千六百三十公里。但是，若用光年来推算很远的距离，是不是就表示它是无限的呢？不，凡是可以看得到的、算得出的，都是极有限的，所以不是无量光。

九、每个人都有光

那么，我们什么时候才能达到无限的境界？这要等你智慧的力量、感应的力量和愿心的力量，都能够到无限大的地方去时，你的光就能照到无限远的地方了。这个“去”，虽然无形，却是实在的，所以才叫做清净自在的心光，它是智慧的光、悲愿的光。

请问你们来这里打坐是为了什么？为了长生不老，还是为了得到神通？如果有了神通，便可以从这个地球到那个星球去探险，或是可以看到人家的心里在想什么，或是可以一眼看出哪一个女孩最适合做你的太太，哪一个男孩最适合做你的丈夫，或者可以远隔重洋听到亲人、爱人乃至仇敌在说些什么话。

但是，诸位万一得到了这种神通，你可要倒霉了。当你看到一位合意的女孩，竟是你前一生或过去生的祖母；或是遇到一位喜欢的男孩，糟糕！他竟是过去世的孙子。辈分颠倒，怎么可以成为夫妇呢！所以你们如果想得神通而来打坐，那你就错了，因为那会使你痛苦、混乱，至少也将使你忙得不可开交，甚至还有生命危险呢！

但是，修行能使你的心力集中。心力越是集中，光就散发得越远。每一个人都有光，这可以通过特殊的仪器发现每个人的光。

诸位，有没有看到有些人，愁眉苦脸，一脸的倒霉样，好像刚从地狱里头爬出来。这种人，你一见到他，就感到他的身上有点寒寒的，他若不是凶人，就是正处于很倒霉的时候。另外一种人，意气飞扬，浑身散发着活力，你一看到他就有安全感，就会生欢喜心，好像是见到了希望。虽然你的眼睛没有看到他的光，事实上，他的光已散发出来，而你也确实感受到了。

一个人有多少修持，就能产生多少力量。对自己信心的力量和帮助他人的力量，这种力量有时是有形的，有时却是无形的，但不管是有形还是无形，这个力量只要产生了，他的光就已经照到你了。

十、反光和吸光

你们诸位，有没有让释迦牟尼佛的光照到？有没有让阿弥陀佛的无量光照到？一切人都被照到，可是有的人虽被照到了，但他只吸光却不反光。诸位，你们说，什么东西是最容易反光的？当然是镜子。如果镜子上贴了一层黑纸，那它就不再反光了。所以，最清明的便是最易反光的，因此，最有修行的人，也才是最能感觉到佛菩萨的光的人。

一个人若修持到帮助每位众生都发光，见到了每一个众生都有光、都反光，那他就会发现一切众生都是佛，所以佛看众生，众生都是佛，因为佛最清净、明朗，最容易反光。若老是看到这个人坏、那个人有问题，所有的事物都觉得可恶，这种人不但不会反光，而且是专门吸光的人，光射到他就不见了。

光代表空间，既然有两种不同的光，那空间也有不同的两种，一种是无限的黑光，另一种是无限的白光。白光无限，代表修持戒、定、慧的力量，可以达到无限；黑光无限，则表示所造的贪、嗔、痴等恶业的无限，也就是说他吸一切光，而成为罪业非常深重的人。

十一、空间的超越

佛究竟是一个发光体呢，还是一个不发光体？佛若是发光体，那么是不是有一个专门发光的中心点？像灯塔里的灯，向四面八方放射；或是像我们所看到的佛像一样，以佛像为中心，而向四方发光？其实灯塔、佛像这些都形象化了，当佛正在化世的时候，化身佛是如此表现的，而真正的法身佛，却无处不在，没有特定的中心点，每个地方都是法身佛所在之处，无所不显，无所不在。这是超空间、不受空间所限制的绝对无限，这便是空间的超越和生命的完成。

1983 年 3 月 13 日农禅寺禅坐会开示

苍凉的人生

我们来此世间之时的最初之际，只是孤孤单单的一个人，未带半分财产，也没有半个同来的朋友，即使有双生的姊妹兄弟，可能也是出生之后的偶然相遇；即使曾是相约投胎的，但在改头换面地重新做人之后，也难忆及过去。

出生之后，如果父母并不欢迎婴儿的光临，继续生存的可能性便很少。但天下父母，只要身心健康的，没有不爱护儿女的道理。因为父母之爱护儿女而予以抚养成人，也正是为要填补他们的苍凉之感。

人于初生落地之后，总以为父母是最可靠的人，故其每遇困难痛苦或恐惧之时，便会想起父母，呼唤父母，以期父母来为之解救并保护他。除了父母之外，一切的事物都以为是靠不住的；除了父母之外，自己也是绝对苍凉的。

年事稍长，知识稍增，思想稍微有了自觉自察的能力时，又觉得父母虽然爱护我，但并未真正地了解我。我的兴趣，我的向往，我的祈求，父母并不能全部知道，全部给予最大的同情和扶助。还有一个严重的问题，父母即使全心全力地爱护我，但是父母不能不死，并且绝大多数的父母，都是先儿女而去世。于是，当我察觉父母与我的时代、我的身心之间的距离时，我又感到孤独的苍凉了；当我想起父母会先我而去，或者已经先我而去时，我更感到孤独的苍凉了！

但是人总是不甘寂寞的。即使自己并不知道什么叫做人生的苍凉，但此人生的苍凉境界，不因为我不知道，而就不来找我(其实是我去找它)。成年之后，我有一个强烈的要求。除非我去出家，而将自己的生命接通另一条超然于物质之外的源流，否则我的此一强烈的要求，必盼求其实现，以慰此一苍凉的人生。此一强烈的要求便是男女之间的相互求偶。男女的结合，属于生物方面的自然趋势，但也更是填充苍凉之感的一大倾向。

事实上，男女的结合，属于肉体方面的成分远较心灵根源的投契者更多。当然，道德或良心的责任，亦恒使得男女的婚姻关系维系至于终身。但在婚姻关系的联结过程中，除了新婚热恋的期间，同床异梦乃是不可避免的现象，虽然很多人都不肯承认。因为夫妇的知识水平、生活的情趣，以及对于各种事物所抱的观点，往往是不能一致的，因此也就会觉得我的对方并不真的了解我，甚至可说并不真的全心爱着我。于是，当我对自己的配偶感到乏味，而对另外的男女感兴趣乃至倾慕时，这便告诉我，我已感到人生的苍凉了。因为无人真的爱我，我不甘寂寞，所以我想另找一条出路来安慰我的苍凉之感。

再有另外一个角度，有人说："人生得一知己，可以死而无憾。"事实上，人之处世交游，无不希望朋友把我当作朋友看，乃至把我当作他自己一样，像爱护他自己一样地来爱护我。当然，这也是安慰苍凉之感的一条出路。可是不幸得很，人多数是自私的，我固希望他人把我当作他自己看待，我却并不能够也把朋友当作我自己一样地看待。因此，我如仔细地考察一下，并没有一个朋友能把我当成他自己一样看待的，所谓“共患难不共安乐”的事实根本不能免除的。人在苦难时，为了抢救自己，不难同舟共济；一到苦难的因素消失之时，为着自己的利益，便不能没有自己的打算。即使对于过去患难中的难友，给予帮助，也不能像对待自己一样地去对待难友；同时，如能全心一意地去协助难友，难友本身也会因其自尊或自卑感的作祟，觉得接受这种协助，乃是出于彼此间的万不得已！于是朋友以为我没有把他当作自己看待，我也觉得朋友没有体谅我的真心相待。因此，我们在世，并不会有知己的朋友，除非是圣人与圣人之间。即使是圣人与圣人，也要他们的圣格相等，所谓“唯佛与佛”——出世的圣人才能求得绝对的和谐一致。一般的凡夫，是不能没有其孤独苍凉之感的。

再说，人之有生必有死，人生短短数十年，从出生落地便在片刻不停地奔向最后的一站。当出生的时候，便已决定了死的命运。虽然大家都怕谈到死的问题，但是死的安排，并不因为我怕，它就不来向我接近，这是大家非常清楚的事实。尽管世上有许多人做着如此的宣誓：“未能同年同月同日同时生，但愿同年同月同日同时死。”也许当其激情洋溢之时，真有如此的打算，所以要做如此的宣誓，实际上，谁曾看到真的如此？即使殉情殉国的烈女与壮士，但在死的时候，绝不会恰好一齐躺下。至于躺下以后，照佛理而言，由于各人业力的不同，彼此神识的分聚离合，也是一个不可知的境界。所以孤孤单单地来了，又苍苍凉凉地去了，不知是从何处来的，也不知将往哪里去！在此景象之下，如果我还没有任何宗教信仰，便有一个现实而以为是可靠的要求，要求我有我的下一代，我虽死了，由我而来的下一代，仍可继续传至下一代的下一代，以此下一代的存在来补充我的必将不存在，弥补我的空前绝后的苍凉之感。所以一般以现在或以人为本位的学者们，尤其是中国人的传统观念，都以传宗接代——即使是广义的包括了人类文化与民族精神，为其永生的安慰寄托。

事实上，子孙传代，子孙的肉体固因由我而来而得存在，但是子孙的事业不是我的事业，子孙的成就不是我的成就；尤其是子孙的思想及其由思想所产生的一切行为活动，虽或带有若干成分的遗传色彩，但却绝对不能代表我的一切行为活动。再说，子孙之怀念父祖先人，也不能如父祖先人之希望于子孙的那样热切。孔子说：“父在观其志，父殁观其行；三年无改于父之道，可谓孝矣。”孝子尚只能三年不改父道，可见一般人对于父祖先人的遗志家训，实莫不随着时日的消逝而渐予淡忘！至于一个民族的思想精神，自皆有其传统的反顾，但是人类社会的进化，先王与后王是不能偏废的，然此先王的遗产，已是整个民族历史的共业所成，而不是单独个人价值的延续了。

真正要求自己能够不苍凉、不孤单，并不是去要求外力来弥补自己和安慰自己，而是以自己的力量去弥补他人的苍凉与孤单，唯有把我自己的苍凉感彻底忘掉，自己才会从苍凉的痛苦中得到解脱。显然，以常人的看法，即或人格崇高如圣人，他们亦当有其苍凉之感与悲切之情，并且较诸常人更为深沉，常人少有相互通契的朋友，圣人当更少有相互通契的朋友，因为圣人的胸怀，常人对之，总是莫测高深；相反地，道高魔也高，如果真是一位以救人救世救众生为本怀的圣人，必也会有很多人把他当作敌人来攻击！但是，凡为一个真正的圣人，他们的心境是非常平静的，他们把一切众生的痛苦看成自身的痛苦，除了解救众生的痛苦，没有别的要求可言，因他们彻底忘却了自身的利害，所以看一切众生的事等同自己的事；唯有在这样的心境下，他们才真能超越了苍凉的人生之感！

1962 年 5 月于美浓，刊于香港《人生》杂志二七八期

行走在缺陷处处的人生道上

一、人生的现实面

我们生而为人，生而为生死不已而又不能解脱生死、无从得大自在的众生之一，这一人生境界的存在，其本身的现象及其所能产生的种种思想言行，就是一大虚妄和一大缺陷。所以在我人类历史文化的演进上，在现实的社会活动和社会组织上，随时随处，只要有着人类生存的所在，不论群居与独处，人们都会存有一种“冲破现状”的冒进意念，以及其从事于冒进的努力。虽然由于教育环境和个人修养（生活——人格知识的修养）的不同，其冒进的意念和冒进的努力，有着善、恶、美、丑、积极创造和消极颓废（如不满现状或现实不能满足他的要求而变成疯癫，乃至自杀的人们）的种种差别，然而人们之想冲破现状的基本观念，却是一样的。可是不幸得很，人类自有生民以来，为了冲破现状，为了争取理想，经过了不知多少先民的努力，也不知努力了多少年，时代虽然在进步，现状也在不断演变，奈何人类的希望或理想，总是把人生的现实远远抛在背后，使得生活于现实中的人们，永远也追赶不上像这种步步移动的人类历史和经常不能满足要求的人生境界，岂不就是人类生存的一大悲哀！因为人生乃至一切万物的存在，就是一大虚妄和一大缺陷，我们以虚妄不实的人生和缺陷处处的身心去追求理想、创造理想，理想也就成了虚妄和缺陷。这种虚妄和缺陷的理想，即或有其完全变成事实的一天，但因它是虚妄而不是究竟，是缺陷而不是圆成，人类的生存也就永远站在各个历史的立足点上，看理想之山的远景，却永远是停留在“站在此山看彼山高”的现实之中。究竟要到什么时候，才是最后最高境界的实现，却是一个不可知的无限期和无穷远了！

由此可见，我们虽自觉实实在在、清清楚楚、明明白白地生存在各自的现实之中，但是，试问：我们的存在是存在于什么之上或什么之下呢？我们到底抓住了一些什么东西作为人类努力的最终目标？即使他是大哲学家，也是无从解答的，因为古人发明的真理，到现在已有些变成了不是最高的真理。那么，我们看古人如此，后人之看我们又何尝不然？所以庄子要说：“吾生也有涯，而知也无涯，以有涯随无涯，殆已。已而为知者，殆而已矣。”正因为庄子的慧力不能穷究宇宙界和人生界的一切事物而加以认识辨别和解答，所以他说“知也无涯”，以为用我们短短而极为有限的生命，要懂得一切的事物，根本是不可能的事，否则的话只有强不知以为知的病害而已。为什么呢？因为庄子虽是中国思想史上一位杰出的大思想家，但他依旧还是一个人。所以庄子还有这样的一段话：“一受其成形，不亡以待尽，与物相刃相磨，其行尽如驰，而莫之能止，不亦悲乎？终身役役，而不见其成功；苶然疲役，而不知其所归。可不哀邪！人谓之不死，奚益？其形化，其心与之然，可不谓大哀乎？人之生也，固若是芒乎？其我独芒，而人亦有不芒者乎？”这一段话说得非常哀痛，是一种不知生前，尤其是我们非死不可而又不知死后的哀痛！可知人生是一大虚妄、一大缺陷，也是一大无知。请我们各自反问自己：我对我们地球所处的太空世界的天文知识，懂了多少？恐怕即使你是当今权威的天文学家，也会觉得对于天体的知识，幼稚得非常可怜！我对我所生存的地球，认识了多少？对人类整个的历史文化，知道了多少？对民族和国家，明白了多少？对社会环境，清楚了多少？对父母子女和亲戚朋友，了解了多少？乃至我对自己的优点和缺点、美德和罪恶，又觉察了多少？至于我们的生前和死后，自不必说了。单问这些，我们就可发现自己的所知几乎即等于无知了！所以圣人而如中国的孔子，还要“入太庙每事问”，以为“三人行必有我师”而主张“不耻下问”，正因自知无知，才能虚怀若谷地去“敏而好学”。可是，人总是人，所谓学到老学不了，人之学与不学，只是小无知与大无知、小缺陷与大缺陷之别，缺陷终究还是缺陷。

二、佛教的人生观

然而，人生之可贵与人生之庄严，竟又全部表现在这一自知无知的自知缺陷而来力求充实和弥补的精神之上，由此，人类的历史才有进化，由渐次的进化而形成人类的文化和文明。例如笔者之能着手于这篇文字的写作，也是出于这一缺陷的迫促，虽然笔者自己便是一个缺陷的存在。因为自知缺陷，而来力求弥补缺陷，总比不来弥补的好。不过有的人的弥补方法是自我安慰的自圆其说，好像掩耳盗铃或鸵鸟的心理一样，只要把耳朵塞起来，将脑袋闷下去，就觉得安全自在了（如西方的宗教徒）。有的人的弥补方法是以缺陷的本身去补充缺陷（如世间的大思想家和大科学家）。有的人却是叫人以摆脱缺陷而来弥补缺陷。实际上，也只有完全摆脱了缺陷，才是真正的没有缺陷，因为人生就是一大缺陷，所以只有超出了生死界限，才有达到真正圆满的希望。那么，释迦世尊说法四十余年，就是说的教人超出人生生死界限的种种方法了。

同时，正因为佛教的思想是叫我们超脱人生生死的大缺陷网或大虚妄海，所以就引起了许多思想家的非难和指责，以为佛教要人摆脱人生生死的现实状态，而去追求一个不生不死的涅槃境界，无疑表明了佛教的人生观是厌世消极而逃避现实不敢面对现实的一种思想。例如近世的实验主义哲学家威廉·詹姆士（William James，1842－1910），就曾这样批评过佛教："佛家的涅槃，其实只不过免去了尘世的无穷冒险生活。那些印度人，那些佛教徒，其实只是一班懦夫，他们怕经验，怕生活……他们听见了多元的淑世主义，牙齿都打颤了，胸口的心也骇得冰冷了。"（《实验主义》第291－293页）他又说出他自己的主张："我吗？我是愿意承认这个世界是真正危险的，是需要冒险的；我绝不退缩，我绝不说'我不干了'。"（《实验主义》第296页）关于这一点，我们不必说是詹姆士的无知或武断，只因为他是19世纪末叶、20世纪初期的美国人，他对于佛教的陌生，是因佛教的思想文化在西方世界中的传播尚在萌芽期间。所以詹姆士的曲解佛教，我们不必苛责，我们只希望詹姆士的学生以及他们的同路人，本着探求真理的宗旨，对于佛教的思想来细心研究一番。比如佛教既然消极逃世，释迦牟尼在成佛之后为什么不立即进入涅槃，而要苦口婆心，往返跋涉地说法度众？佛教既然是厌世而又不敢面对现实和正视现实的，佛教中的诸佛菩萨怎么又有“我不入地狱谁入地狱”的悲心大愿？这一悲心大愿，又何止是一般所谓冒险的精神所能相比相望？因为佛教虽然主张出世，但其出世的方法却在人世，唯有人世最深，而且是作纵横面的一往深入，才会穿过世间，冒出世间的界限，而进入出世的境界。如果说世间是一个大球体，那么佛教的出世，并不是我们站在一个空间的立足点上，单独直升而像直升喷射机样地向上飞腾，乃是叫人深入球体的每一个部分，穿透了球体，先能在球体之中做大活动和大开垦，而达到了游刃有余的程度之后，才是超出世间或人生生死的时候（请参阅《人心的安顿和自性的超脱》一文）。可见，我们要成佛，要得大自在、大解脱、大究竟、大圆满——大实在和大满足，并不是一朝一夕的事。奈何，一般学人之不能对于佛教作深入的研究，只在表面上以各自的见解和心量来看佛教，曲解与误解实属难免！即连一些自命为学佛修行的佛教徒们，也难免没有这一可能。

三、救世的思想家

人类的现实问题层出不穷地困扰着整个的人类生活，故在

“冲破现状”的意念之下，我们人类的历史，激出了许多杰出的思想家——宗教家、哲学家、科学家、政治家……他们都能本着扶倾济危、解困救厄的心意，为人类的病痛和人类社会的病态，开出了各自所以为对症下药的方案。这一种心怀，站在人生求出路求落实的观点上说，都是值得赞美，也值得庆幸的。如果不是这样的话，我们当今的社会情状能不能和其他类别的动物世界有些什么两样，或是否高尚，实在是个很大的问题！可是，历史慢慢久远了，思想家渐渐增多了，他们各自为人生开出的方案或出路，也跟着增多了。这些种种的方案和出路，摆在人类大众的面前，正像将一大盘质量、色彩、大小、形状各各不同的糖果摆在一群初进入幼儿园的小朋友面前，琳琅满目，蔚为人类文化的壮观镜头。使得绝大多数的人们，真不知道何去何从，看起来样样都有它的道理，好像每一粒糖都会使得小朋友产生出来甜的感觉，即使是裹着糖衣的毒药，然在没有中毒死亡之前，根本辨别不出它会叫人中毒。为什么呢？岂不是因了人类的无知？孔子说：“民可使由之，不可使知之。”孙中山先生主张“知难行易”，绝大多数的人们确实如此，即使被历史公认为先知先觉的人物，又何尝超出了这一“不知所从”的心理现象。任便他们已为人生问题开出了若干个似是而非的出路，但有更多更多的问题，他们仍然觉得莫名其妙！因为人的本身就是一个大缺陷，要从大缺陷中觅取大满足，根本是不可能的事！

尽管摆在人类面前的是一个大无限的大缺陷，但是人类的意志总是不会放弃了觅取一个大满足的希望和努力，这也就是人类之所以能够繁荣绵延而不亡族灭种的主要原因。因为大家都希望生存，且还要求生存得更安全更美满和更有意义，凭着这一要求生存的意志，才造成了人类的世界和人类的历史，所以中山先生的历史观，是着重在“生”的一个意义之上，而被称为“唯生史观”或“民生史观”。可是不幸得很，在这一个要求生存而又要求满足的情形之下，人类的文化固然在逐渐升华了，同时人类的安全问题也越来越严重了，因为“求满足”的欲望迫使人们发狂，引起一些丧心病狂者的抢劫侵略和奴役。直到目前为止，在每一个国家政府或社会体系之中，虽各有其法律制度，维护着该单元中的每一份子的权益和安全。然而，放眼看去，如今国际社会的激烈竞争，岂不正在准备随时拿出原子武器来，毁灭我们的人类世界吗？这一战争的威胁，比起洪水猛兽对于我们原始祖先的威胁，岂不更为严重！更为可怕！

这一空前的威胁固然可怕，但其威胁的原始意识或原动力之产生的当初，又未尝不是为了增进人类的幸福和拯救人类的苦难，比如基督教的产生，是因为以色列的民族英雄摩西，为了要使他的民族脱离埃及的奴役，才假借一个叫做耶和华的民族保护神作为民族运动的号召，而使流亡在埃及的以色列人民团结起来，逃出了埃及王的权力统治。这个出发点，未始不是可歌可泣的壮举，然而他以宗教的迷信而大肆屠杀埃及的臣民（如《旧约·出埃及记》所载），却是这一壮举的反动了。及至耶稣出世，根据犹太教而创立基督教以后，耶稣本人固为犹太教所迫害，而在基督教抬头之后，竟又反过来数次狠狠地屠杀了犹太教徒。同信一个上帝，同是一个上帝（是基督教的说法）所创造的儿女，彼此残杀，竟会如此之惨！

正因为大家都有缺陷，所以大家都想求满足、求发展，而又不能沟通彼此的愿望共同协力来向一个目标迈进，所以才有人与人间的纷争，才无法求得一个永久的和平。人类世界的思想太多了，每一种思想都代表着一种渴望求其实践（不一定就能实现）的主义，同时也可能潜在着一种带给人类的危机。人是一个缺陷，缺陷创出的缺陷，那么缺陷的本身就是一个危机——假如当在发觉危机尚未成熟之前而不能予以及时改进或避免的话。譬如美国独立之后而影响成功的法国大革命，是欧洲史上一件值得大书特书的壮举，争自由，争平等，讲博爱，可是因误用自由平等，而死在自由平等之中的人又不知有多少，著名的罗兰夫人便是因此牺牲而成名！又如林肯解放黑奴，终死于黑人之手；甘地为印度独立而努力了一辈子，临了竟被他自己的同胞刺杀！因为有了缺陷的人，一方面想自求满足，另一方面又不能发展一个或一样足可满足自己要求的人物，事实上也的确没有一样东西能够真正地来满足任何人的所有要求。所以历史上的圣贤，也不能没有如此的遭遇，如佛教的释迦世尊，他的法身固属满觉圆通的无漏境界，可是佛的人身仍为有漏，释迦世尊也会如常人一样地便溺，也会衰老死去，也会头痛，也有人对他不满与愤恨而想加害于他；中国的孔子，他自称“若圣与仁，则吾岂敢”，故在孙叔、武叔看来，孔子还不及他的学生子贡来得贤明；耶稣对基督教徒而言，是极为神圣崇高的，但当耶稣受难遇害时，被行刑者置于两个强盗中间，而且加以轻言戏笑与侮辱。

因此，任便世间代代有人歌颂完人圣人和追求那些完人和圣人的境界，但是人人只能自许为向往圣贤的圣贤之徒，而不得自称其本身就是圣贤。有人以为“圣域无止境”，因此而有儒家所说“虽不能至，心向往之”的安慰话来。

如果要把现有的一切思想（包括宗教思想），摆在“圆成”或“圆满”的天秤上衡量一下，依照笔者的看法，除了佛教的思想能够胜任之外，实在没有一个撑得起来。虽然佛教的思想，在时代的眼光中，仍然需要做一番凝聚和开发的工作，亦如在佛灭之后约五百年的光景，印度之有龙树、马鸣及天亲、无著等对于佛教思想的再肯定与再发明。但是佛教基本思想的稳固性质和究竟价值，是历久常新的。佛教不必乞灵于任何的神秘和权力，仍能解答任何一切的问题，犹可圆融无碍。佛法是从佛的大觉智海之中流露出来，所以能够圆融无碍，对宇宙界的自然现象，对人生界的伦理关系，不偏不废，也不执不著。最大的发现是“缘起论”的物理观和生命观，一切的一切，在佛法的眼中看来，毫无神秘可言，无论什么事物，只要它的因素够了，便会形成它的结果，那是必然的而非偶然的。同时，佛教的最后境界是圆成，圆成的毕竟观念，却是无形无相而又如《圆觉经》所说“圆裹三世，一切平等，清净不动”的。实际上，我们也唯有完全放弃了现有的身心境界和身心所处的境界，才是彻头彻尾抛开了人生的缺陷而迈入圆融无碍的境界。这一境界在人们粗看起来，似乎是逃世的。然而笔者在前面说过：“唯有入世最深，而且是作纵横面的一往深入，才会穿过世间冒出世间的界限，而进入出世的境界。”由此可见，为了真正的满足，就不得不设法抛掉现实的缺陷；抛掉缺陷，便即抛掉人生；要抛掉人生，又不得不先来肯定了人生，深入人生而期通过人生，再超出人生。所以佛法的宗旨在教人出世，而出世的方法则在教人更为积极地入世了。

四、东西方各说各话

佛教以外的其他思想，没有一种是能够彻上彻下圆通无碍的，不是出于武断，便是诉诸神秘，最开通的思想也不能不有所存疑。其中除了如唯物思想之外，还有一个共同的特性：相信创造主或自然神的存在。西方的宗教家或基督教的经院派哲学家，固然相信有个上帝创造了万物，也主宰着万物。即使自古代希腊的苏格拉底到今日英国的罗素为止，他们的心中也各有各的上帝的观念，虽然他们是泛神论或是接近于泛神论的有神论者。如泛神论的代表，斯宾诺莎的上帝并不同于基督教的上帝之能生杀予夺，而是一个只能自爱和被爱的上帝，上帝既无法爱人，人也不可以爱上帝而希望上帝也应该来爱他作为报酬。泛神论者的上帝是大自然的代表意义，因为他们识不透大自然的奥妙，自身又处在这个大自然之中，所以把大自然神格化了起来。又因为明明知道大自然的对于人类意志虽有阻碍之处，却不会绝对主宰，尤其西方人的思想中（非基督教思想）以为人类是可以慢慢征服自然的（故有种种科学的努力和成就），人类前途的命运好坏全看人类自己的努力改进与否而定，所以不能承认上帝有任何的权威作用。再说我们中国，中国的孔子是一位人文主义的大思想家，他除了人生社会的伦理问题，绝少谈到人生以外的形而上学。所以孔子要“不语怪力乱神”，要说“未能事人，焉能事鬼”；他对于生前死后的问题，总是存而不论的。孔子虽主张“慎终追远”，但其追思的意义并不代表他承认人死之后还有灵魂，只是给死者的恭敬及予生者的安慰。所以他对祭神的观念也是“祀神如神在”的，而不是肯定真有神的存在。原因在他所以为的“未知生，焉知死”的存疑观点之上。可是孔子对于天与命的观念又特别重视，我们在《论语》中可以看到好些有关天命的记载，例如“五十而知天命”，“君子有三畏：畏天命，畏大人，畏圣人之言”，“不知命，无以为君子”，“生死有命，富贵在天”，“子罕言利，与命与仁”，“命矣夫，斯人也，而有斯疾也”。又有单讲到天字的，如孔子去见了卫灵公的夫人南子，而子路不高兴，孔子便发誓说：“予所否者，天厌之，天厌之！”又有“天生德于予，桓魋其如予何”？“文王既没，文不在兹乎？天之将丧斯文也，后死者不与于斯文也；天之未丧斯文也，匡人其如予何？”“颜渊死，子曰：噫！天丧予，天丧予！”“子曰：天何言哉？四时行焉，百物生焉，天何言哉？”我们看了这些语句，可以明白，孔子的天与命有点类似于西方哲学中的泛神观念。孔子的思想，一方面积极努力于人生的奋斗，而不仰鬼神之助，另一方面孔子又因本身的无知（人生的缺陷），面对着宇宙和生命的无限，太多太多的问题无法从他的知识经验中得到答案，所以又不得不提出一个天和命的观念，作为无可奈何的心理安慰。孔子以“天”、

"命"、"仁"看作同一体的数面，所以到了《中庸》上的一开头，就说："天命之谓性，率性之谓道，修道之谓教，道也者，不可须臾离也。"既然说天命即是性，而人性本善，善即近仁，能仁便可尽性。那么，儒家所讲的天命或天道，就是宇宙万物的本然或本体了。所谓"知命"，也只是知道顺应着宇宙万物的本然之本性去生存活动罢了，说简单一些，知命便是听从我们的自性的发展而去发展。可见这是近似泛神论的一种观念，因为泛神论以为宇宙万物都是上帝的一部分，儒家则以为天是万物的本性，人性是本性的一部分，同时也可将此一部分之人性融入于整个的本性之中，这就叫做尽性。从这一点我们可以知道，哲学家和中国儒家的上帝绝不是基督教的上帝。基督教虽然经过中古时代许多教士的努力，在亚里士多德及柏拉图等的思想中借用了若干哲学理论，形成了基督教的神学，可是若将基督教的上帝拿来放在哲学的面前，就无法站得住脚了。

至于佛教，笔者于两年以前也以为佛教是泛神论的，其实那是笔者的无知与武断，佛教虽有近似泛神论之处，但却竟是彻底的无神论者。因在佛教的观念中，宇宙万物——诸法万有，是平等自如而又自如不动的。所谓法性法尔，佛陀不以为他的说法是创造，也不承认有任何东西可来创造什么东西，这一点是不同于基督教的，所以称无神；佛教不以为宇宙之中还有一个什么真正本体的存在，也不以为我们仅是宇宙中的一部分，这是不同于泛神论的，故而仍属无神。可是，泛神论以为我们可以化于无限的宇宙之中，也能成为无限；佛教的佛性，我们到达成佛之时，佛性也是遍满一切，如来如去，无所不在的，这一点，又像泛神论了。佛性是人人都有的，成佛是个别成佛的，成佛之后又是各各有其名号国土的，成佛是众生各个自性的升华，升华之后虽能融入法界的无限之中，仍可有其个别独立的价值。这与泛神论者以为的一融入无限便消失于无限之中，而不复再有个别独立的价值可言，又不同了。可见佛教是近于泛神论而是无神论的。

在这里，笔者希望顺便说一说宗教间之神与神的分别，以兹澄清一下我们对于神的观念。粗看起来，无论是一神论或无神论的宗教，都有多神论的嫌疑。比如基督教是众所周知的一神宗教，可是在基督教的观念中，并不以为除了他们的上帝以外，不再有任何神明了；不过基督教以为除了他们的上帝之外，其他的神明都是恶魔罢了。再说佛教，不主张有个创造主或主宰神，所以是无神；然而，我们在佛经里面又可看到许许多多的神名神号，故而佛教徒绝不可说佛教是不讲神的，其关键所在只是佛教的神是三界之中众生界里的一种类别，不像基督教所说的创造神，同时也不如基督教所说的恶魔而已。佛教之中虽也有魔鬼的名称，不过佛教的魔与鬼，绝不会如基督教所说的魔鬼那样，永远是魔鬼，永远没有转变的机会，也将永远要被上帝扔在炼狱中受苦。佛教所说的魔与鬼是有希望超升，也有希望成佛的。佛教之伟大处亦正在此，既不强调神秘的权威，也不敌视任何一个众生。在此，笔者还要加以说明：佛教的无神，绝不相同于中国史上如范缜、司马光等所主张的无神，他们的无神是不相信除了物理的自然行动之外还有精神或灵魂的存在，佛教的无神只是不承认宇宙万物尚还有个创造主或主宰神的存在，所以此无神不是彼无神。

现在，我们可以检讨一下上面所说的几种思想，究竟哪种比较切实可靠？首先我们不要忘了，人生就是一大缺陷，从缺陷中开发出来的思想，虽也可以弥补一部分缺陷，但是缺陷之中必然含有危险的成分。基督教的思想，乃是鸵鸟型的，为了摆脱现实的痛苦，便梦想一个上帝的天国，他们对于解除人类痛苦的意见，不是开发人生的价值或改善现实的社会，而是把一切的希望都寄托在天国里，以为受洗了的基督徒，死后可望逃避痛苦而进入天国。事实上，我们虽可不妨承认有个天国的存在，然而不靠自己的努力，单凭一次受洗而想得到上帝的赦罪和拯救，在理智上似乎是无法解答的。正如人之犯罪，不去将功赎罪，只凭人事关系，就可变成无罪，在制度上轨道的社会里是不会产生的。如说那是一种信仰的精神安慰，那么它与鸵鸟之将脑袋埋进土里，就以为它的生命有了安全的想法，又有什么不同！也许基督徒们对于这一判断要提出抗议，他们总以为耶稣即是上帝的道成肉身，耶稣是究竟圆满的人，不可能有缺陷，耶稣的话也不会有缺陷。那么笔者希望抄录一段耶稣死时的记载：“钉他在十字架上……他们又把两个强盗和他同钉十字架，一个在右边，一个在左边……祭司长和文士也这样戏弄他，彼此说：他救了别人，不能救自己……耶稣大声喊着说：我的上帝，我的上帝，为什么离弃我?”这段话见于《新约》的《马可》及《马太》两福音中，我们看了以后，除对耶稣之被钉十字架而感到悲怆和同情之外，又可证明耶稣本人并非即是上帝的道成肉身，否则当其临难之时怎会又叫上帝而且表示上帝已经离弃了他？可见耶稣其人并非毫无缺陷，如无缺陷则其绝对不会对于遇难而感到恐惧。

西方正统的哲学思想，是指由古希腊沿革发展下来的哲学思想。我们谈到西方文化思想，便很容易联想到科学问题。不过科学一词，通常被哲学家们看成哲学的分门别类，所以科学是出自哲学的子体，哲学才是科学的母体，如谈西方的哲学思想，自也包括了西方的科学思想。但是不幸得很，西方哲学主张人类可能征服自然，到达这一倾向的强弩之末，人类便开始物化了，人要利用万物，人也被看成了万物之一而来当作对象利用。如美国的现状，他们忙着赚钱，也忙着花钱；他们在工作时固然紧张，在娱乐时也不例外。可以说美国人的日常生活，都是在极其紧张和高压的气氛中度过来的，像这样的生活情态，能够维持多久而不发生血管爆破的中风绝症，实在很难想象！其中的危机，是在人类要以缺陷来补充缺陷，以缺陷的人类作为而想满足缺陷的人类生活，越补越觉不满，越不满越感缺陷，到最后就难免会像不会调琴的人把琴弦越调越紧，紧到不能再紧之时，弦线也就断了！因此，到目前为止，已有许多西方人在向往东方人的生活情调了。

那么，我们的东方究竟又如何了呢？东方有两股思想主流，一是中国儒家的，一是印度佛教的，在中国还有一股道家思想的旁流（西周诸家的思想，除儒道二家之外，无大历史的影响，故不谈）。

我们先说儒家的思想，儒家的思想对于中国人而成为中国人的性格方面贡献很大，尤其中华民族虽经几千年的历史，在内忧外患的消长变乱之中，仍然屹然立足于世界之上，儒家之功不可埋没。可是儒家的思想，虽着重现实的人生，而有其积极进取的一面，奈因人类的本身就是个缺陷，儒家所开出的精神，自也不能没有它的缺陷，便是因为受了知识范围的束缚，只能教人应该积极进取，应该勇往直前，应该成仁取义，但却不能进一步地说出为什么要应该？应该了是如何？不去应该，又是怎样？说得明白一些，儒家的思想是很现实的，但在这个现实的两头——生前与死后、来处与去路，却无法得到交代。从大体上说，儒家的人生归宿，是寄托在所谓“大我”——自己的、自己民族的，乃至整个人类的后代子孙身上。也就是希望把自己这个曾经存在的生命，向后代子孙身上去凝聚或团结。所以孔子要说：“君子疾没世，而名不称焉。”所谓三代以下唯恐不好名，孔子虽不想在生之时去沽名钓誉，但在死后却以为如不称名于后世就不能算是一个君子。孔子为什么会有这种思想？因为他的安慰处就在这里，如果连这点安慰也没有，岂不觉得如此的人生太空虚也太无聊呢！孔子未能透过人生生死的界限，来替人生开出一条更为积极的方向，所以只能希望人做圣贤而不能进一步使人非做圣贤不可；不做圣贤而做小人，孔子只能说他朽木不可雕，却无法指出成了朽木的人会有怎样的后果？同时，孔子主张将安慰寄托于后代子孙的身上，中国人的脑海里也因此而形成了一种并不太好的观念：把自己的财势遗留给自己的儿孙，希望自己的子子孙孙都能因了自己所遗的财势而安富尊荣；为了顾全其子子孙孙的生活问题，便不得不去想尽办法，增长自己的财势（这一思想在西方人的观念中并非没有，但总没有中国之甚且深）。可是，历史事实告诉我们，秦始皇希望他的万代子孙都做皇帝，然到二世胡亥，秦的统治就完了；还有其他的开国君主，往往于大功告成之后大杀功臣以巩固他们王朝的命运，但却从未有过一个永不凋谢的王朝！其实，我是人，我的儿孙也该是人，那么我能找到生活的依靠，我的儿孙岂不也有同样的可能？如果儿孙皆靠祖上的遗产生活，我们的社会也就少了若干人的生产而多了若干人的消费，这种现象实在不是一个健康的社会所应该有的。中国社会之不及西方国家，原因诚然很多，这一观念之为害似也正是其中的原因之一。但是，我们能怪孔子吗？孔子也是出自他的无可奈何啊！同时，我们也不能忽略，中国是农业社会，农业社会则宜于大家族制的发展，这一自然形成的制度又是基于伦理的观念之上，儒家之倡五伦，对于中国社会的安定之功实在很大，不过一到后来，由五伦而仅重父子一伦（也是片面的）之后，社会风气也就失去了重心。于此可见，世间之学说，有其利必能成其弊了。

再说中国思想的旁流——道家。道家的思想，在积极方面讲，它给了中国人一种生活的艺术，那就是教人养成一种怡然自得和随遇而安的心境。近人钱穆先生说：庄子的理想人生是要人各自约限于自己的分际之内，不必再有所向往。郭象（其对批注《庄子》的功劳很大）说得更好："苟各足于其性，则秋毫不独小其小，泰山不独大其大矣……无大无小，无寿无夭，是以蟪蛄不羡大椿而欣然自得，斥鷃不贵天池，而荣愿以足。苟足于天然，而安其性命，故虽天地未足为寿，而与我并生；万物未足为异，而与我同得。则天地之失又何不并，万物之得又何不一哉?”这段话的意思是在教人知足和满足。教人不要向外追求，只要朝内禀性，性满性足虽小亦足，若性有所亏则虽大亦缺。这与儒家所说的“知命”似有相通之处，使得人生的努力和理想有个缓冲的余地。可是道家在消极方面，给予中国人的遗毒，也着实不浅。如庄子说：“为善无近名，为恶无近刑。缘督以为经，可以保身，可以全生；可以养亲，可以尽年。”像这样的态度，简直是个乡愿了。《庄子》上又有一段很美的文章：“平易恬淡，则忧患不能入，邪气不能袭，故其德全而神不亏。故曰：圣人之生也天行，其死也物化；静而与阴同德，动而与阳同波；不为福先，不为祸始，感而后应，迫而后动，不得已而后起……其寝不梦，其觉无忧，其神纯粹，其魂不罢。虚无恬淡，乃合天德。”像这样的人生境界，的确恬淡的可爱，可是，人之更可爱处，是在力求向上的意志，我们在这一段文字之中却找不出一点主动进取的意义。在这种思想的潜移默化之下，就养成了“得过且过”与“满不在乎”的苟安心理和颓废意识。如说庄子的思想也能给予人一种努力的目标的话，那该是他所说的至人或神人了：“肌肤若冰雪，绰约若处子，不食五谷，吸风饮露。乘云气，御飞龙，而游乎四海之外。”但是，中国人的隐遁深山不问人世间事的思想，就从这里来的；辟谷烧丹和养气长生的古怪行为与古怪风尚，也是来自这里。事实上，这是庄子的一个理想境界而已，庄子希望人能“合天德”，“守天全”，之后可以“潜行不窒，蹈火不热，行乎万物之上而不栗”。可是，庄子的理想尽管好，而庄子本人却并不就是到了这一境界的人，他说真人是“不知悦生，不知恶死”的，然当他丧妻之时，竟又哀感而无法自制了。可见庄子还是一个活泼生动的凡人，而不是他所说的神人或真人了。庄子既然是人，人就不能没有缺陷，所以我们对于庄子的看法，除了同情他的可爱处，却不必痛斥他的消极点，这是人生共同的忧患啊！

道家的另一思想——老子给予中国人的消极心理，也很不浅。比如老子根据“物极必反”和“否极泰来”的原则，主张“知其雄，守其雌”；“知其白，守其黑”；“知其荣，守其辱”；“曲则全，枉则直，洼则盈，敝则新，少则得，多则惑”。老子总以物理的眼光看宇宙万物之生灭变幻，总以为物壮则老，老则衰，衰则败，败之极又复为生而壮而老，所以叫人要守物势相反的一端，待机而取，因而近人钱穆先生要说老子是个精于打算的机会主义者。可是老子服膺他自己的思想，也许能够做到“道常无为，而无不为”的地步，一般的人却不能了，却只知守于劣势的现状下等待优势机会的来临，而不知凭其自己的力量去迎接机会和开发机会了。这对中国人的创造意识，实在是个很大的泄气洞。尤其老子只看到了物理循回的原则，却没有认识精神动向的特质。因为物理界的现象固属生住异灭、灭生住异地交错流转不已，精神则并不尽然，精神可以有周期的变动，也可以有一直向上的升华，而且只有一直向上而达于无极无限的圆成大觉，才是人类精神的最大特性和可贵之处。我们举个很浅的例子。人渐渐老了，生理各部的机能也渐渐衰弱、渐渐不堪负荷了，这是证明物壮则老的原则没有错。可是有些人的思想，却不会因为人的衰老而衰老的，相反地，多数的大思想家，越到他们的晚年，他们的思想则越发成熟，对于人类的贡献也越加伟大。

人之有老死，不是精神的老死，乃是物体生理的衰败，精神（在佛教称为识或如来藏）虽因生理的衰败而离开躯体，但是躯体之死并非即是精神之死，依照佛教的观念，人死之后，人的精神仍然有其应有的归依或投靠。不过这些道理，绝对不是老子的思想所能明白。所以我们只能讨论老子的缺陷，却不必臭骂老子的缺陷。

五、小结

以上所举各种思想的缺陷，并非笔者对于那些思想的攻击，而是借此证明人生的缺陷，由缺陷的人生开发出来的思想也就不能没有缺陷。就以佛教来说，佛陀的境界当然不会有缺陷，由佛陀的境界用嘴巴说出来成了语言名相，因为世间的语言名相是由人起，人有缺陷，人类的语言名相就有缺陷，以有了缺陷的语言名相来表达佛陀的境界，所表达的东西也就不能没有一些缺陷了。因为这个缘故，东方人虽多信佛，信佛者又不能没有弊病，因为各人心中所有对于佛的印象和憧憬，绝对不是真正佛陀的境界。佛的境界，只有佛与佛间才能知道，我们知道的佛只是一种幻象而已！我们本着佛的种种言教去信佛学佛，也只是一些方便法门罢了。

但是我们应该明白，佛教之不同于其他的思想而又超出于其他的思想之上者，正是因为佛教的思想能够直下承当和当下指明世法之虚妄不实；更可承认，如佛法而在于世法之中，佛法也是虚妄不实的。

1958年12月于新店，

刊于《海潮音》杂志四〇卷一及二期

Chapter 2

自我的提升

先要自我肯定，才能受人肯定；先要自己有信心，他人才会对你有信心；先要尊敬他人，才能得到他人的尊敬。

自我的肯定

自我肯定，就是对自己有信心，如果没有自信心的人，就会像一只火鸡，遇到警报时，会把翼翅及尾羽竖起来虚张声势一番；或者像一只澳洲的鸵鸟，它害怕敌人袭击时，便一头钻进沙堆里，躲起来，自欺而不能欺人地苟且偷安一番。能够自我肯定的人，不会虚骄，不会逃避。自己是什么就是什么，有半斤就是半斤，有四两就是四两，实实在在。有许多人希望由他人来承认和肯定自己是真正的人物，他们自己也假装着是个很了不起的人物，这就不是自我肯定。其实，一个人若无自知之明，就会常遇到挫折。除非这个人的福气好，处处能够歪打正着，否则的话，他会处处碰壁，还不知错在哪里，最后就变成没有信心。因此，要想得到他人对自己的肯定，必先完成自我肯定，有了自知之明，才能自我肯定，才会建立起自信。

《孙子兵法》主张："知己知彼，百战百胜。"其实，以常人而言，知己要比知彼更难。例如在家庭里，夫妇两人如果经常吵架，老是互相指责对方，看对方这也不是，那也不是，问题就是出在夫妇两人都只看到对方的不是，而未明白自己的习气。凡是知彼而不知己的人，一定是烦恼多多，既不会做人，也难于成事。

自我的肯定，不等于自我的膨胀、自我吹嘘、自我夸大。自我肯定必须建立在自我了解的基础上。譬如像我这样的人，好多人跟我讲："圣严法师，以你的智慧和才能，如果不当和尚，也能当到部长。"但我知道自己的底细，最好还是当和尚，我不是当部长的材料。类似的机会，包括名、利、位、女色等，满不少的，可是我还只是肯定自己最好是只做一个普通和尚。又如1975年时，我在日本留学，已经取得了博士学位。那时正逢台湾国民党政权退出联合国，日本又与中华人民共和国建交，台湾的前途未卜。就有一位日本教授对我很关心地劝说："你今后如何打算?"我说："是啊！今后听天由命，一切都靠因缘。"他说："我介绍你到一个寺院当住持如何?"我说："有一个寺院住持做也不错啊!"教授说："不过，依照日本的习惯，寺院住持，必须娶妻。"原来当时有一小寺院的住持去世了，留下遗孀及一个年轻的女儿，却未有儿子来接住持的位置，那对母女就必须离开寺院。在这青黄不接的时候，那位教授想我这个人大概可以递补一下。后来母女两人来看我，这就是相亲啰。我想那怎么行！我还是适合做一个不娶老婆的中国和尚。幸亏我能自我肯定，所以今天还能够在这里跟你们诸位讲自我肯定。

我们应该知道自己的分量，应该了解自己是什么样的材料，然后来充实自我，发挥自我；不放弃自我的既定方向，不动摇自我的基本信念，就不会受到环境的影响而失落了自我。例如也有人曾对我说："你是个文学博士，也写了不少书。如果你是个在家居士，肯定是一个名作家。"我说："好在我做了和尚，要不然就没有文章可写了。”也有人建议我说：“你们法鼓山及东初禅寺不是需要很多钱吗？何不跟我们合伙来做生意，赚了钱就可以弘扬佛法。”我说：“请你千万不要害人。我若做了生意，必定一败涂地！”像你们诸位都是在事业上已经成功的社会精英，你们一定知道，脱离自己的专长，改行不是不可以，但是必须要考量每个人都有他们的先天资质及后天条件，那就是因缘的配合，也就是知己知彼，或者叫做识人识己识时务。

要想自我肯定，必须增长优点，改善缺点。若能自知缺点，也是一种优点；若是夸张优点，便是一种缺点。

如何知道自己的缺点？如何发现自己的优点？打坐便是好方法。诸位是不是常听说“身不由己”和“心不由己”两句话？你会发现心不由己的妄念或杂念太多了。自己的心中所想的，往往不是自己要想的；自己希望要想的，往往反而想不出来。妄想杂念，是非自主的思绪和念头，与妄想杂念相对的是自主自律的正知正念。我们能够经常自主地指挥自己的念头，去想什么和不想什么的时候是很少的。常常心不由己，品德就有问题。所以，一般没有修行经验的人，其品德大致上都不是很健全的。如果一个人的品德已经十全十美，那就是成佛了。因此，平常人的品德不健全是正常现象。然而，许多人都不知道自己的品德不健全。所以常常听到有人说：“请你不要侮辱我的人格。”这似乎是说，他的品德本来已经很完美，可是被他人侮辱之后就不完美了。其实，人人都应该坦诚地承认自己的品德尚有许多问题，才能面对自己的缺点，改善自己的缺点；能以真面目见人，坦诚承认自己的缺点，反而是一种美德。

如何衡量优点和缺点？不能光用别人的判断，要用你自己的标准，别人看你是缺点，也许恰恰是你的优点。优点和缺点，长处和短处，很难有绝对标准，从这边来看认为是优点和长处，但是从另外一个立场看很可能被认为是缺点和短处。原因是优点和缺点往往是相反适相成的。例如你的缺点，恰恰也是另一个人的缺点，配在一起，臭气相投，正好他需要你。反过来说，如果你的长处正好是另一人的长处，两强相抗，他就容不得你了。

人与人相比，都有多福、少福和无福的区别。一个人今天因缘未成熟，所以没有福；过几天因缘成熟了，就是有福的人了。当因缘不成熟时，不要失望，说不定另外一个机会正在等着你。

人的优缺点，可以是多方面的：有性格的、有品德的、有心理的、有智能的，最重要的还是在于福德因缘的配合与否。

所谓大丈夫要能屈能伸、舒卷自如，一般人往往是能伸不能屈，那便是大缺点。

先要自我肯定，才能受人肯定；先要自己有信心，他人才会对你有信心；先要尊敬他人，才能得到他人的尊敬。

我勉励我们法鼓山的全体会员，要有“见人低一级”的修养。意思是不要自高自大，要虚怀若谷；不要盛气凌人，要尊上谦下。可是，对长辈、对能力强过自己的人谦虚还容易，对晚辈、对不如你的人谦虚礼让就很不容易了。如果当你的稚子叛逆不听话时，你是打他一顿，骂他一番，还是倒一杯茶给他？小孩子有叛逆的表现时，倒一杯茶给他，可能要比打骂训责一顿更好。这就是见人低一级的好处。

见人低一级，并不是自我作贱，而是自我的尊重，敬人者人恒敬之。所以面对任何人时，一定要在心平气和的态度下，尊重他，关怀他；在肯定他人帮助他人的同时，也肯定了自己。

自我的成长

成长什么？成长自我的智慧与慈悲。

有智慧的菩萨，不会厌世，也不会恋世，故名为出世；真能出世，才能入世及化世。入世化世而成为圆满的大觉者，便是成佛。例如诸佛成佛都以人身在人间成佛，一切菩萨必须以慈悲心广度众生方能成佛，假如菩萨不入世间，岂有众生可度？菩萨出现世间而又迷恋世间，岂能救度众生？唯有入世，才能有化世的工作好做。菩萨们有慈悲，所以能入世化世；菩萨们有智慧，所以入世而不会被世事迷惑，并且运用智慧来指导去做救度众生的化世工作。这就是悲智双运、福慧双修的菩萨行。

智慧是如何得到的？有三个方面：第一是闻慧，从听讲开示、看佛经书而摒除邪见，建立正见，信因果，明因缘。第二是思慧，以禅观的方法，做思惟练习，从思惟而得一心的定境，由定力而产生明晰的智慧。第三是修慧，就是修戒、定、慧的三无漏学。修戒是在身、口、意三种行为方面不做自害害人的事，不说自害害人的话，不动自害害人的念头。也就是："诸恶莫作，众善奉行。"尽一己之所能及所有，用身、口、意三业来做自利利他利益一切众生的事，就会产生无我的智慧。

修戒亦名为持戒，凡危害身心健康的行为不可以做，凡有益于他人大众身心健康的事不得不做。消极面是已作之恶要改过，未作之恶令不起；积极面是已作之善要增长，未作之善要开发。

修定，可以用打坐的方法。打坐能使人在平常生活中经常保持情绪的稳定、人格的健全。如果没有足够的时间和空间打坐，也可以念佛安心。前一阵子我在台北时，有一位代表见我，他说刚才在阳明山中山楼开会时吵了一架，甚至有人说粗话骂“三字经”。我劝他：“下次别人骂你们三字经，你就改念‘阿弥陀佛’的四字经，架就吵不成了。念佛之后，就能心平气和，就能好好地商谈沟通了。”除了打坐与念佛可以安心定心，诵经、礼拜等也都能产生心平气和的作用。

修慧，是要看佛经、佛书，看有益于身心健康及精神修养的书籍；而佛书是最好的，它能让我们心胸豁达、气度恢宏，建立人格的坐标。

从闻思修的三慧能够获得利益的经验，名为证慧。证慧的最高深点，便是大觉智者的佛果位。

至于如何在日常生活中成长自我的智慧与慈悲？当从惭愧、忏悔、感恩三方面努力。

“惭愧”的意思是，自知对不起自己称为惭，自知对不起他人称为愧疚。一般自负、自大、狂傲、骄慢的人不会产生惭愧心，总觉得自己无愧于天，无愧于地，也对得起自己的良心。像这样的人，在智慧和慈悲方面是不容易成长的。有了惭愧心，便会谦虚礼让。儒家也说，满招损、谦受益。自知有所不足和有所缺失，是自我的检讨反省，便有改过改进的可能，否则错上加错，哪里还有自我成长的机会。所以惭愧心是人格的清洁剂，在清理了染污物之后，向着既定的方向，继续努力做自己应该做的事。

“忏悔”就是承认自己的过失，承担应负的责任。譬如做老师的人，没有尽到老师应尽的责任，对不起学生，就是用忏悔心来弥补；小过失对自己的良心忏悔，大过失当对学生的面忏悔，忏悔不会丢脸，忏悔也不等于老师永远就有过错，那是表示勇于负责、勇于改过的态度。有些人不懂得忏悔的真义，他们在神前或佛前焚香祈祷，说是犯了错害了人，请求神佛网开一面，原谅他们无知；这样在神佛的偶像之前忏悔之后，便以为不再受到应得的惩罚了，下一次有了机会，再三再四地犯错害人，又再三再四地去焚香祈祷表示自己的无知，请求神佛原谅他们的无知。这种忏悔的心态不正确，也不能收到忏悔的功效。

“感恩”不仅是一般人所说的回馈，应该是饮水思源，感念之情常系心头。所谓恩人，究竟是谁呢？除了父母是最亲的恩人之外，凡是在你的生命中对你有益有助的人，都是恩人。恩人可有两类：一是为你顺水推舟的人，二是使你逆水行舟的人。一般人仅以顺水推舟的人为恩人，给你打击、批评、诽谤、阻扰的人便以为是仇人。其实，那些人使你在逆境中受到锻炼，助你久炼成钢，岂可以说不是恩人。例如释迦牟尼在《法华经》中说过，他的一个叛逆弟子提婆达多将来一定成佛。因为从释迦牟尼在过去无量劫前发菩提心后，提婆达多都是给他逆向的帮助——打击、阻挠、破坏。提婆达多使释迦牟尼得到了磨炼，使他成了佛，所以有大恩德。

诸位菩萨，在你们的生命史中这样的恩人多不多呢？如果有，在你们心里是怨恨抑是感恩呢？一般人要做到不怨恨已经很不容易，何况要向这种人感恩！曾有两位法师因为细微的法义之争而吵了一辈子的架，彼此发誓不想见面。逢到佛教界有聚会的时候，两人都会先问有没有对方参加，如果有一方参加了另一方就不参加。另有第三者跟其中的一位说：“我们大家总有一天要到极乐世界去，你们两位也要去啊！怎么现在就有他没有你，有你没有他地吵个不休呢？”那位法师说：“阿弥陀佛，如果那个魔王也能到西方极乐世界，那还是什么极乐世界呢？他都去了我还想去吗？”双方怨恨到如此程度，还是两位出家人呢！不过出家人也还是人，所以也会产生怨恨。毕竟不是为了私利而是为了法义，故在两位法师中，有一位在临终前悔悟了，他留下遗言说：“我一生中最大的遗憾是与某某法师为了佛法的观点之争，吵了一辈子架，并且从此不相往来。我死之后，希望某某法师能够原谅我，能来参加我的葬礼。”因此使得另外一位法师在葬礼上痛哭流涕地说：“阿弥陀佛，我怎么跟他吵到死为止呢？还是他先原谅了我，他真是成佛了，而我却仍是个丢不下怨恨心的鬼。”

这个故事告诉我们，产生怨恨心是很容易的，消除怨恨心则很难，如果能把恨得很深的人当成恩人看待，是极不容易的事，但是我们要练习，不练习就没有智慧，也没有慈悲。人在一生中，多多少少总会遇到像这样助你逆水行舟的人，如果你从来没有遇到过，总是一帆风顺地走过人生，你真是一位福德殊胜、因缘殊胜的人了。

自我的消融

自我的消融，是要从自我肯定及自我成长的过程中逐渐完成的。如果连自我是什么都不知道的人，同他谈自我消融是毫无价值的。譬如对一个不知道钱为何物的人说不要钱，便等于废话。诸位不要因为听到说佛教讲“无我”，就等于否定了自我的价值。所以一定先要有我，然后才能无我。

我是什么？是生命加身体。可以用一个“十”字来标示，竖的一条线代表时间，横的一条线代表空间。在时间这条线的坐标上不断地移动的是生命，昨天在，今天在，明天还在，表示我还活着，这是生命的存在；在空间这条线的坐标上，我的身体要占据一个位置，或是在这里，或是在那里，不停地移动，表示我有一个活着的身体；在两条线的交叉处“十”，便是活动于时间和空间中的自我价值的存在。自我的价值，包括正面的和负面的。正面的价值是获得的成就，负面的价值是遇到的挫折，成就和挫折使人产生了爱和憎，因此爱和憎相加也等于自我。爱什么？首先是爱自己的身体所拥有的生命。有了命，想爱的东西就多了，财、色、名、位、权、势等，恨不得整个世界都属于我的。可惜的是，世事无常，包括老命在内，一切的东西，都不能保有多久。因此，身体加生命所构成的自我，是那般的脆弱与无奈。因此，自我的另一个代名词就是“无常”。从观念上说，这是人人都可以接受的，故也人人可把自我消融。自我消融就等于佛说的无我。

但诸位不要害怕，一听到无常、无我的道理之后，回家去就会连先生、太太、孩子都不要了。因为一切都是无常嘛！因为自我消融并不等于不负责任。何况无常无我，也不就是什么也没有，尚须有慈悲的责任及智慧的功能。

无常并非不好，如果当你正处在噩运折磨的情况下，因为噩运也无常，你就不会绝望，往往噩运过后否极泰来；因缘的转变，坏事可成善果，这种因缘就是自己的努力，加上时势环境等的配合。菩萨就是按照因→缘→果的法则，从凡夫转化为圣人，从菩萨完成佛果。成长到佛的层次，就是从自我的成长中逐步完成了自我消融的境界。当在没有达到这个彻底的消融自我之前，就要练习着如何来自我消融。《金刚经》上说：“过去心不可得，未来心不可得，现在心不可得。”从时间上来说，过去的已过去，未来的尚未来，现在的转眼即成为过去，都只有过程而无实在的东西，所以都不能执著。执著也是幻境，如把幻境当作实有，就会变成自我的累赘。人生的过程，犹如火箭升空，火箭从发射台发出而飞向太空的过程中，每隔一段时间，就要扔掉一节已经用完燃料的废物，若不扔掉就会成为阻碍火箭继续升空的累赘。人要自我成长，就像上升的火箭一样，不断地丢掉累赘的废物；使用燃料时那是储蓄着动力的有用之物，用完了动力不扔掉它的空壳便成上升的累赘。人生应当不断地落实于现在，努力于现在；

有了成就而能不执著成就，便是自我消融。

《金刚经》里尚有这样的几个名词：“无我相、无人相、无众生相、无寿者相。”“我相”是个人与另一人相处而存在；“人相”是因为我相而存在；“众生相”是从我与许多人相处而存在；“寿者相”是自我中心在时间上的延续。如果世界上只有“我”一个人，便不会感觉到我的存在，因为有我与别人的相对比较，才有自我价值的出现。我的成败得失，是相对于别人的存在而浮现出来的。一旦能够把自我价值的情执化解消融，便会体验到《金刚经》所说的无我、无人、无众生、无寿者的四相其实就是自我的消融，也就是自我的最高人格的完成。

消融了自我的执著、自我的烦恼，便能显现出无我的大智慧以及平等的大慈悲；实际上就是自我的无限自在与无限包容、可以称之为空，也可以称为无我、无相、无住、无念。一切都无，唯有智慧与慈悲的功能，在世间的众生群中，永无休止地展现于无穷空间及无尽时间的内外中间。

戴玉冰居士整理录音带，经圣严法师三度删修

成稿于1995年元旦

Chapter 3

人格的升华

人类思想的凝聚，必须有其冷静的机会；人格的升华，必先假以沉淀的时日。一缸混水，澄清之后，始能明净如镜而彻上彻下，但如不让其有休息的机会，时时均以器物搅之拌之，那是不会澄清下来的。

人格在寂寞中升华

一个寂寞的人，虽能引起他人的同情；但人之对于寂寞的境遇，总是容易引起哀伤的情绪。所以寂寞的境遇，总是不受一般人所欢迎的。

但是，人而真正能够忍受寂寞，安于寂寞，乐于寂寞，并且愿以寂寞为其终身之良友者，他将必然通过寂寞之路，透出于寂寞的氛围之外。他将会在寂寞之中，认识自己，认识他人，认识世间，认识世间的一切有情与无情；他将会发觉自己的缺陷，他人的缺陷，世间的缺陷，乃至一切有情与无情的缺陷；缺陷之中，产生忧患，忧患则与痛苦俱来；自己有痛苦，他人有痛苦，一切的有情众生皆有痛苦；因为自己有痛苦，自己是人，凡是人，必皆有痛苦；又人是有情的众生，凡是有情的众生，亦当皆有痛苦。自求解脱痛苦，故亦必能逐渐而发为救人救世的大悲精神。到此境界，吾人的人性，已从孤单与寂寞之中，升华而至于广大无际的无尽藏中，自己深入于民胞物与的无尽之藏；自己的心胸，亦将充塞于无尽之藏，并进而弥盖涵容了无尽之藏，此真所谓广大如虚空了。但是，虚空虽然容受万物，且以抚育万物为职志，虚空的本身却是寂寂寞寞、无色无臭的。

因此，我们可以肯定地说：古来圣哲之士，不论出世的抑或入世的，他们皆从寂寞中来，那是毫无疑问的。虽由于各人对于寂寞的运用有广有狭，对于寂寞的体认有深有浅，而致圣格与圣阶的范围等次各有差别，然其认定寂寞之可贵乃是一桩事实，即使他们未尝用过寂寞一词的字样。

人类思想的凝聚，必须有其冷静的机会；人格的升华，必先假以沉淀的时日。一缸混水，澄清之后，始能明净如镜而彻上彻下，但如不让其有休息的机会，时时均以器物搅之拌之，那是不会澄清下来的。

世间固有不假造作的天才人物，一出世来即能显赫一时，但那总是肤浅的，好像肥皂的泡泡一样，也能吹得很大，也能在阳光之下发出绚丽的色彩，也能使人对之欣然而笑，然其彩色的生命是有限的，其为人们所留下的印象与影响也是有限的。

世上一般的所谓凡夫，总是不甘寂寞的，总是想尽方法要使自己比他人好，要使自己站在他人的面前与上面，要使自己让他人看到，要使他人知道自己是比他人为好为高。所以一般的政客，口头上喊着为民服务，事实上却在踏着人民的背脊，登上自我高大的宝座。政客之所以不能成为伟大的政治家，端在他们的不甘寂寞，他们是为成全自我而利用他人；政治家之所以能够被万民爱戴，流芳千古，原因是在他们的动机为救国家为救人民，能置个人的成败毁誉乃至生死于度外，他们为了达到自救救人的目的，可以接受天下人的反对，即使在天下人的一致反对之下他们仍能我行我素。所以历史上的孔孟诸子，他们各有其政治理想的政治计划，但他们却未有一人是能即身而将自己的政治抱负全部实施的，甚至永远未能付诸实施；可是，他们那种独立特行、独往独来而甘于寂寞的精神，那种虽千万人吾往矣的魄力，实在值得吾人深心向往。

吾人在寂寞的时候，不能不感到无聊，这是因为没有寂寞的习惯，未能将寂寞的境遇看作知己的朋友，所以大家喜欢往热闹的场所跑，希望能有一些可以交谈的朋友，可以共同玩乐的朋友。但是人从热闹的场合中走回家里时，或当朋友们各自分散时，却会感到加倍的寂寞，好像自己是生活在古墓之中的木乃伊，孤孤零零，凄凄切切，冷冷清清，像一个无依的幽灵，像一只失群的小鸟，于是产生反常的心理：越感寂寞之恼人，越向热闹的场合里钻，越钻越感寂寞，越感寂寞越要找刺激。最后，心灵混沌了，肉体麻痹了，精神堕落了，整个的人生也就毁灭了！

当然，凡是尚有一些自制能力的人，那是不会一直走下去的。普通的人，无聊的时候，可以看看书，写写字，听听音乐，时间也就打发过去了。但是，假如我像鲁滨逊一样，生活在一个无人的荒岛上，那里没有文明，没有文化，也没有任何的书籍，那时候，我是自杀呢？还是继续活下去？如果我是一个圣者，这倒正是我所求之不得的环境了。佛教的教主释迦牟尼，他要单独跑到雪山去枯坐六年，耶稣成道之前要到西奈山去独住四十昼夜，他们何尝是从书本中找智慧呢？所谓“知止而后有定，定而后能静，静而后能安，安而后能虑，虑而后能得，物有本末，事有终始，知所先后，则近道矣”，这是中国儒家的主张。书本之中固可找到知识，真正的智能则非书本之中可以找到。所以佛教的禅宗，主张不立文字，主张直下悟入明心见性。中国儒家，虽有悟的境界，但在宋明之前，殊少直接点出悟之重要者，到了宋明之后，因受禅宗的影响而标明了悟的观念，阳明的龙场悟道便是一例。虽然佛教的悟道与儒家的悟道在层次与成色上有其差别，但其悟的方法是一样的。如何才能悟道？首要在于知止，以不变而应万变，心不变动就是定境；心如止水，自可内外明澈，而能自悟悟他了。唯此知止不变的工夫，若非甘于寂寞的人，那是用不上力的。

人之自高自大者，正因他的无知；人之能够敬上而谦下者，正因他能知道自己之无知；人之无知而能自知为无知者，他已不是等闲的人物了。所以苏格拉底自谓他之过于人者，只是自知其无知而已！但要发觉自己的无知，非要有寂寞的经验不可。一个不甘寂寞的人，他是不能自知其无知的；一个不能领会寂寞的人（像无有思想可用的动物一样），更是无法自知其无知的。故如庄子所说的“吾生也有涯，而知也无涯”的警觉心，在一般人来说那是谈不上的。

可是，我们不妨从现在开始，找一个寂寞的机会，或在深夜的床上，或在傍晚的天井里，或到空旷的原野，或到汪洋的海边，或坐林间的树下，或宿深山的梵刹，先让自己寂寞下来，然后再向自己发问：

我是什么？我从何处来？又将往何处去？

我认识自己吗？认识些什么？认识了多少？

我为何生在天地之间？如何生在天地之间？天地之间如何使

我生存？

我对我的周遭事物，理解了多少？理解些什么？

我是人？人应如何？我已如何？

我觉得人生是痛苦的还是快乐的？痛苦何处来？快乐何处去？自知有苦乐，也能知道他人有苦乐吗？

我生于天地之间，对天地之间的一切万有，理解了多少？理解了些什么？

像这些问题，任便举出一个，必将无以回答，即使勉强回答，此一答案的分数，必也少得可怜！即使是集古来的大宗教家、大哲学家、大科学家数千年研究的大成，也只说出了一点一滴、片鳞半爪而已。释迦世尊，虽称正遍知觉，但其所觉的形上境界，乃是唯证乃知的，乃是不假言说的，我们凡夫，自也无法从佛教的经论之中找到本末究竟。此一本末究竟或事物终始，仍须吾人从寂寞之中去开悟出来。

伟大的人物，都是从寂寞中来的，也唯有从寂寞中来的人，更能值得人们的尊敬。像西洋的哲学家中，斯宾诺莎甘于磨镜的寂寞，尼采甘于病痛的寂寞，其余如霍布士、笛卡儿、洛克、莱布尼兹、休谟、康德、叔本华等，皆甘于独身的寂寞。中国自颜回以下，贤哲之中，甘于陋巷布衣的寂寞者更多。纵使学优而仕，身居显要，但他们总是耿介质直，不阿不求，从政是为兼善天下而已，正是学以致用的表现。唯于伟人之中，寂寞一生者之精神作用，远较及身闻达之流，更能使人崇敬与向往，却是一个事实。这在宗教的行谊之中尤其明显，一个高僧，只要能有彻底放下的决心，他们对于寂寞的生活，必能甘之如饴，世人视之为枯槁，他们住之如春风。因为一个真正的宗教家，特别是一个佛教的僧人，他们虽以出世为宗旨，却以入世为手段，他们的彻底放下，为的是要绝对的承当，若不先做去人欲而存“天理”的工夫在前，自也无法担起自救救人救众生的重任在后。即使一个高僧，未尝真的在其一生之中，度尽一切众生，但却愿于生生世世，尽未来际，直到度尽众生为止，正因有其弘愿之所在，他们虽然枯坐于水边林下，亦同于心包太虚而与一切众生谈天说地了。近代的佛教界中，有一位弘一大师，他于出家之后，总是隐藏，总是甘于过他寂寞的生活，他在生前著作无多、化众甚少，但其若有所言，必是悲悯恳切之词，必能语语感人，故到目前为止，不论僧俗，凡是知之者，谈起弘一大师，总会肃然起敬，这就是受他那种卓拔的人格所感。那种卓拔的人格，却是从寂寞的生活中贞凝而成的。

一个甘于寂寞的人，根本不会想到寂寞的问题。人在单独的时候，会觉得寂寞，有了一个朋友交谈，便不寂寞了；一个甘心与寂寞为友的人，却将一切寂寞中的人当作自己的朋友，他将全部的心力放在寂寞的朋友身上，为之发掘问题，并为之想出解除问题的方法，以期拯救，以期安顿。因为凡人皆在寂寞之中而又不忍甘于寂寞，不甘寂寞的人是愚痴的，也是痛苦的，所以凡人皆在他的拯救之列，凡人皆是他所关心的朋友。那么试问：能以一切人乃至一切众生为朋友的人，他会感到寂寞吗？当然是不会的。

若想甘于寂寞，确非轻易之举，如果以甘于寂寞作为来日的晋升之资，期以十年寒窗，换取来日的衣锦荣贵，那是流俗的，那不叫做甘于寂寞，而是做的投资生意。离俗而处者固为甘于寂寞的人，一个真能甘于寂寞的人却并不一定要离群独居，像美国的林肯，像印度的甘地，都是寂寞的人。寂寞者不会考虑到自已的问题，他只希望同情一切人，了解一切人，并愿为一切人乃至一切众生承担问题而解除问题。他是忘我的，即使一切人乃至一切众生都把他当作敌人来攻击，他也必能在所不计；人皆以他为敌人，他却仍以朋友乃至慈母的心怀来爱之护之。所以佛教主张学佛者，应先空去一个我的观念，然后才能进入佛法的圣阶，因为人欲皆由我的观念而来，有我就有人欲，有人欲便不能甘于寂寞。

寂寞是可贵的，愿将此一短文，献给正在寂寞中的人。

1962 年 11 月于美浓，刊于香港《人生》杂志二九〇期

从人生的痛苦到人性的升华

痛苦的压力，迫使人们去思想；思想的结果便是智慧的出现；智慧的功用乃在引导人性的升华。

一般不解佛法也不能透视历史本质的人，往往误解佛法，曲解历史，认为佛法的出发点是苦，佛法的目的地是离苦；以苦来概括人生和人类历史，是悲观失意者的论调，要摆脱生死轮回的苦海，乃厌世逃遁者的宗旨！并且以为人类的生活之中，虽有痛苦的成分，但总不是绝对的主宰；人类的一部历史，虽有很多战乱灾荒的事实，但却不能否认我们的先祖也曾有过若干阶段的升平景象。由此推论下去，他们便不得不说：“佛法只知有苦不知有乐，在苦的观念的强调之下，无异是否定了人类生存的真实趣味和历史演化的究竟价值。”这样看起来，他们接着要说的便是：“佛教虽有其诱导人心向善的功能，奈何其不是终极圆满的真理!”

笔者为了正视这一问题的严重性，愿就个人的知见，探索历史，观察事实，作一番综合的演绎，以俾对于苦的问题重来一次估计。

一、看看人类的历史

中国的古人尝说："忧以启圣，乐以亡身。"每当人们的生活濒于绝境，或者生存的希望有了阻碍，所谓"急中生智"乃是自然的现象；相反地，人们一旦居身于声色奢华之中，便难保不是腐化或堕落的开始，最后的结局也很难不是乐极生悲的写照。由此证明，人生苦乐的演变，如果没有一种宗教（或哲学）思想的主宰，永远是在由苦到乐，由乐到苦，再由苦到乐，正反反正，循环不已；可惜我们的生命很短，往往在乐的终了便是生命的结束！所谓："一失足成千古恨，再回头已百年身！"

我们人类的历史，为时并不久远，但它所有的记载已够我们得到一个结论：历史是人类智慧的说明，更是人类苦痛的结晶。有人说，人类的祖先发明了击破石片，拿来当作武器或器具的伟大智能，并不亚于20世纪科学家的击破原子核。这说明人类的智慧是累积演进的，并不是突然跃进的。但是试问：人类哪里来的智慧，而且又将这些智慧堆积起来，造成了时代的文明与社会的文化呢？很简单，那是由于连续不断的痛苦，压迫着人类的生活，刺激着人类的心灵。每当遭遇了困难或痛苦，便会勾起一连串的回忆，希望从回忆中能够找到类似情形的经验，以便解决面临的危急。如将回忆的过程拉长，经验的范围扩大，那就是对于历史知识的寻求。所以政治家要从中外今古的政治史中找得现实的答案；军事家往往要研究兵法参考战例，然后才能以果断的决心拟就战斗序列；艺术家要从古人的作品中吸吮风格，品味神韵，再来发挥自己的创作；至于农业、矿务、航海、天文以及医药等等，无不要仰求于历史的陈迹，作为实用的参考。万一没有历史的先例作为处理的依据，那么就要运用我们自己的思想了，再将我们自己从思想中所发现的经验传流下去，便又成了后人的历史价值。因此，我要肯定地说：痛苦刺激思想，思想发挥经验，经验留下历史。

且看历史的事实：古代的希腊，由于地理环境的关系，不能产生一个统一完整的政治系统，只有部落式的山城村落或市府城邦，每一个小的政治单位随时都准备着向外发展，扩充自己的地盘（如雅典与斯巴达）。当然，要想扩充，就不能避免战争，要战争，就不能没有战争的方法和手段，所以奠定了西方世界向外扩充领土的野心。然而，战争是残酷的也是痛苦的，虽然战争的洗礼（苏格拉底曾经从军作战）也能孕育出古希腊哲学家，可是他们的民族性限制了他们的思想家，故到亚里士多德的学说出现，还是着重于市府政治的研讨。再说到基督教的出现，尽管耶稣是个标榜原始罪恶与强调原始罪恶的人，但他不能否认，他之所以要反对犹太教，是为了犹太教的狭窄与残忍、虚伪与自私，故他极力提倡博爱；即使耶稣并没有完全摆脱犹太教义《旧约圣经》的桎梏，但他却有着这样的努力。其次，耶稣之要宣扬他所谓“神爱世人”的“福音”，乃是为了当时的政府以及当时人的嗜杀好斗，人命没有保障，人权毫无尊严，如中国人所传：“君要臣死，臣不敢不死；君要臣活，臣不得不活。”在在促成耶稣的悲心，这种悲心不但培养了他在“髑髅地”殉道的精神，同时也博得了后世人们的同情。直到经过一千三百多年，又因为基督教会变成了罗马政府的保姆，教会的势力占据了整个欧洲大陆，教会内部腐败，教会对外黑暗，形成了专制暴虐，人民没有了思想与行为的自由，因此便有“文艺复兴”的伟大先锋意大利人彼特拉克（Petrarch，1304－1374）的出现。接下来的便是新教改革运动的开始，有一位名叫威克里夫（John Wyclif，1320－1384）的英国神父，曾以公开的言行来攻击若干天主教的教义与实施方法。跟着进行的人，便是闻名后世的日耳曼人马丁·路德（Martin Iuther，1483－1546）及法兰西人约翰·加尔文（Johne Calvin，1509－1564）。自从接二连三的文艺复兴、宗教改革的时代思潮之后，西方人的政治意识（平等自由）也就连带着活跃起来了，例如孟德斯鸠（Montesguieu，1689－1755）的学说对于英国政治及美国联邦政治的影响，伏尔泰（Vohaire，1694－1778）及卢梭（Rousseau，1712－1778）的思想对于法国革命的影响。由于宗教政治的过度压迫人民，过度没收人民的自由，才会引起各种思想的革命——科学，以及人文主义的抬头。这些种种的事实，无不说明了痛苦的刺激促成了智慧的果实。

我们再将视线拉回东方来看。先说印度，印度与中国并为东方世界的文明古国，不过印度也跟西方民族一样，他们先民的政治生活与思想活动，多半是以宗教的信仰作为发展的重心，这和我们的中华民族是一个最显著的不同点。比如约在公元前6世纪之际，因为印度社会中，以祭师为主的婆罗门教，僧侣腐败堕落，阶级等差不平，人民没有自由的权利，失去了对婆罗门的宗教信仰，才有摩诃昆卢（Mahavira）起来树立耆那教，又有释迦牟尼（Sakya Muni，前 567 – 前 486）创建了伟大的佛教；到 15 世纪时，又因为回教徒侵入印度以来，由于宗教信仰的不同，回教徒与印度教徒（即旧日的婆罗门教）之间常常发生不愉快的流血事件，故有难能教主（Gruru Na – nak，1469 – ？）出来融会回教与印度教的教义，创立了锡克教；到了近代，因为感于民族自主的需要，乃有圣雄甘地负责印度国民大会党的领导，赶走了统治印度达一百五十多年的英国人。再说我国呢？如果没有周末的天下大乱，群雄割据，生灵涂炭，人命岌岌不可终日，绝不会有像孔子这样的大思想家出现。余如老子主张无为，庄子歌颂逍遥，杨朱的为我（曾说：“人人不损一毫，人人不利天下，天下治矣”），墨子的兼爱（曾说：“视人之父若己父”），以及孟轲讲性善、荀卿阐性恶等，他们的思想虽然各有出入，彼此的宗旨却是并无差别的；他们都能抱着“以天下为己任”的态度，贡献出自己的思想，以期挽救时局于倒悬，使人民得到长期的休养生息，永远地和平互助。再往下推，到了魏晋南北朝的中间，又因为国内盗贼四起，政权你争我夺，政治四分五裂，儒家的思想对于社会人心失去了主宰或维系的力量，于是佛教的大德高僧相继而出，如东晋释道安、庐山释慧远，史家每称释道安是中国佛教开始成熟的代表，释慧远是中国佛教继续发展的开始。所以当时的硕学大儒，很多是这两位高僧的学生，或者是这两位高僧的好友。到了近代，如果不是清政府的懦弱无能，引来东西列强的蚕食鲸吞，当也不可能形成中山先生三民主义的国民革命。

从这些历史的引证我们就不难了解，与其说佛法的“苦”字是历史的预言，倒不如说是历史的定律为佛法的真理作了最佳的脚注。说到这里，我们可以解答部分的问题了：佛教讲苦，尤其主张离苦得乐，但是人类的未来，或者说是我们的远景，应该有着两个不同的方向，作着永无休止的迈进与下堕。向美向善是迈进，向丑向恶是下坠；个人人性的升华与宇宙现象的美化是迈进，个人人格的腐朽与社会道德的恶化是下堕。一般人总以为佛法是侧重于个人人性的升华，而忽略了整个人类社会的美化。其实不然，佛陀是透视到了人类乃至一切众生的习性或惰性，好像牛马一样，有了鞭策的痛苦，便拼着老命向前奔驰。离开了痛苦的鞭策，我们就很容易放弃了更美更善的理想，沉溺于目前有限的安乐之中，可是一旦有了意外的事变，那就糟了。像这样的历史陈迹很多，个人的类似情形更多，历史上每一朝代的开国君主无不都有雄才大略，亡国之君又不外乎昏庸无能；祖上先人是大富巨子，后世子孙则很少逃出破落户的命运。佛陀看出这一点，佛陀明白人类的社会，不到人间净土的实现，绝不会有永久的快乐或绝对的快乐；个人不到超出三界的境界，也不会脱离痛苦的感受。佛以苦的观念来策励社会，希望社会从痛苦中不断地奋斗，直到抛弃了所有乃至可能的痛苦时为止——那是人间净土的实现（超越的大同世界）；他以苦的理由来警惕人类乃至所有的众生，希望我们由生老病死，死生老病，生死死生中渐渐磨炼，慢慢升华，直到了生脱死为止——那是超出三界（欲界、色界、无色界）。由于这样的缘故，佛家才有“地狱未空，誓不成佛”

的悲心大愿。可见佛教“以苦来概括人生和人类的历史”，并不是“悲观失意者的论调”；要“摆脱生死轮回的苦海”，也不是“厌世逃遁者的宗旨”。相反地，我人只有把握住了佛教所说“观受是苦”的思想重心，人类的历史才会级级向上迈进，个人的人格才会步步趋于升华。

二、谈谈个别的人生

中山先生说：“国者人之积，人者心之器。社会之隆污，系于人心之振靡。”论语说：“一家仁，一国兴仁。”《大学》则说：“格物，致知，诚意，正心，修身，齐家，治国，平天下。”无论是社会的变迁或时代的安危，都不出人类个别行为的范围。例如一个国家的领导人或执政者好大喜功，骄奢淫逸，他所领导的国家一定也是表面堂皇、内部空虚的一只纸老虎。这种个人的言行，对于社会的关系所产生的影响，以现代化的解释，乃是人类精神的彼此辐射；在佛教来说，便是众生业力的互为因缘，任何个人都会受到任何他人的影响，任何他人也会受到任何个人的影响。佛陀看准了人类社会种种病态的渊薮，便来对症下药，提出了“苦”的观念，给人类之中的每一个人预备了强心针或防腐剂，希望人人都能在接受这种观念的心理治疗之后，时时警惕，念念向上，那又岂只是我国圣人所说“一家仁，一国兴仁”的理想？佛教之所以只说“观受是苦”，而不进一步说“一国皆苦”，正因为佛法的伟大，佛法不受时间与空间的局限，不但冲破国家与民族或宇宙的界限，同时还通过众生的类别依然适用；不唯对过去或现在的众生有效，即使到了永远乃至无尽的未来，一样可以兑现。

说到这里，也许有人怀疑，儒家讲仁，佛家说苦，根本牛头不对马嘴，怎会扯到一块儿来说呢？那么我要解答：方法虽有不同，出发点完全一样。仁的涵义是“民胞物与”，苦的目的乃“同体大悲”，这两者的功用同样是把“我”的观念扩大。儒家的忠恕之道是“推己及人”，是“己欲立而立人，己欲达而达人”，是“己所不欲，勿施于人”。佛家的慈悲精神，是因为自己有痛苦，可见人类都有痛苦；因为人类是动物，可见凡是动物都有痛苦。由此类推，我自己害怕痛苦，就不该加给他人痛苦，也不忍叫所有的动物（有情）增加痛苦，更进一步应该以自己的痛苦来代替他们的痛苦。这就是“无缘之大慈，同体之大悲”的戒杀放生及舍身救世的大无畏精神。从这里可以明白，佛教的“苦”，乃即儒家所说“仁”的殊途同归，且有过之高之而无不及。至于西方宗教基督所说的博爱，不但只爱人类，而且只爱人类之中基督“特选”的信徒，那和我们东方文化的精神比起来实在是微不足道。

现在让我们再找一些最为普通的事实，说明人性升华的途径。我国有句名言，所谓“寒门出孝子”，在二十四孝的故事之中没有几个是贵族阶级的豪门子弟。又有说“文穷而后工”，绝大多数的圣哲学者都是平民出身，如孔子虽是宋国的贵族，却是鲁国的平民；孟子被儒家称为仅次于孔子的亚圣，但是孟子的母亲亦为择邻而处的纺织女；墨子之所以“腓无胈，胫无毛”，“摩顶放踵以利天下”，据史家的考证，因为墨子可能是个罪犯或奴隶身份的学者。此外，我们往往可以听说“只有穷人才会真正地同情穷人”，所谓“同病相怜”，例如美国的海伦·凯勒，她之所以成为伟大的社会慈善事业的活动家，因她自己是一个盲人；中国清末的乞丐武训，他之所以能够以乞讨的所得来办义学，并以跪请礼拜的方法来督促师生之间的教学授受，乃因他本人没有受过教育，深深体会到了文盲的痛苦。再说宗教家，如耶稣也是平民出身，他出生的时候连房子都没有，他的母亲玛利亚竟把他生在马槽里，他从小就尝味着生活的痛苦，从而联想到整个人类的痛苦。《旧约圣经》告诉他，人类的这些痛苦，是由于人类共同祖先亚当和夏娃的犯罪而带来的遗传；但是耶稣也看出人类之中的痛苦，是因为不能自爱爱人的自作自受与相互敌对，所以他要解救人类的痛苦，他要传播“神爱世人”的福音，他要在犹太教的《摩西十诫》之外另加一条“爱邻居亦如爱你自己”的规定。同时为了《旧约圣经》的限制，耶稣就不能不假托救世主的名义来为世人（其实只为信徒）赎罪了。最后说到我们佛教的教主释迦世尊，佛陀虽是一位太子，但据佛经记载，当他出游四个城门，见到了自然界的弱肉强食，见到了人类生命的有限，见到了年老病痛以及死亡的惨剧以后，他便立志出家，决心要寻求出一个解脱这些痛苦的方法，以便自救救人。可见佛陀出家的动机，乃是由于痛苦的感触及痛苦的引发。直到他在菩提树下明心见性、大彻大悟的时候，他所发现的四谛十二因缘中，仍以“苦”字领先，并以灭苦为目的。这些事实无不说明了痛苦的刺激，促成了人性的升华。

我们通常听到说“吃得苦中苦，方为人上人”，又说“吃一次亏，学一次乖”，这就是说我们只有不断地接受痛苦的教训，才会继续地向上向善。一般人说“失败为成功之母”，其实这不是真理，因为任何一样东西的失败乃是成功过程中的一个阶段，如说实验中的碰壁或出岔子是失败，那倒不如说是成功的一个阶段或某一部分来得切乎实际。比如一个孩子不知火会灼痛手指，当他被灼痛以后，并不是他的失败，而是他智慧开发的成功。所以笔者以为，人生的旅程中，尽管有着太多的坎坷与痛苦，但那无一不是成功或升华路途中的符号与标点。唯有安于现状不求上进、没有勇气接受痛苦的人，那才真是悲惨的失败和彻底的堕落！中国人说“学如逆水行舟，不进则退”，我们的性命又何尝不然？在这里，如果没有宗教信仰的人，很可能产生疑问，甚至要说，这是自讨苦吃的阿Q精神。因为在我们现实的环境中，投机取巧、伤天害理的人往往比吃苦吃力的人来得有地位。当在吃足苦头之后，如能立功立德或者著书立说，传之后世，藏诸名山，所谓“兔死留皮，人死留名”，倒还说得过去。但是芸芸众生，绝大多数达不到这一目的。往往有人吃苦行善一辈子，到头来仍与草木同朽，因此便有些人唱出了“识时务者为俊杰”的论调，从事“混水摸鱼”或“见风转舵”的买卖了。他们的理由是：“这个年头，大家都在勾心斗角，男盗女娼，单我个人去忠孝仁爱、礼义廉耻，又有啥子屁用！”其实社会的道德感很像人体对于气温的感觉，正因为我们的体温高过了外界的气温，我们才会觉得身上冷，但总不能因为要减少冷的感觉，反把身上的衣服全部脱光呀！不过人性的善恶是个哲学问题，更是宗教问题。一般哲学家认为，凡是最善的人生，便与宇宙化合，成为宇宙或上帝的一部分，这就是所谓泛神论的哲学思想；至于不善的人生，便与草木同朽。基督教的善恶标准是以信仰为中心的，信与不信之间，天堂与地狱便是显明的分水岭。总之，西方人的思想，无论哲学或宗教，对于人生的问题，虽想通过现实来给我们求得解答，但在佛法的前面，他们不唯幼稚，而且是患着高度的近视。佛教以为每个人的人生都是永远不朽的，尤其还是永远不死的；佛陀眼中，看我们的一生一死，比我们看自己换穿一套衣服还要简单得多。不管我们在换衣服的过程中是不是有几套衣服引起他人的兴趣，只要不因我的衣服而使人家感到头痛，我们便可心安理得；如能更进一步，因了我的衣服，而解决了许多人的困难，岂不更好。所以佛经上说，释迦世尊在尚未成佛之前的过去生中，经过了三大阿僧祇劫的时间，出生入死，入死出生，抛头颅，洒热血，他以累生累劫的身体，帮助人家减少痛苦，以他日积月累的智慧，帮助人家解决困难，这就是所谓“我不入地狱谁入地狱”的精神。他以累生累劫所受痛苦的代价，争取佛陀果位的福德智慧，这种福德智慧的培养，与其说是佛陀向众生求来，倒不如说是他从痛苦中慢慢升华的结果。

在这里我们又可以解答一部分的问题了。“佛法”并不是“只知有苦不知有乐”，只是着重于苦的忍受和苦的领会，使得我们的人性达到究竟或最高的境界，所以佛法“在苦的观念的强调之下”，不但没有“否定了人类生存的真实趣味和历史演化的究竟价值”，相反地，倒是更加肯定了人类生存的真实趣味。因为佛法告诉我们，除了现在以及未来的痛苦，还有最后成佛的境界等着我们；同时也尤其确定了历史演化的究竟价值，因为人类的社会，如果时时刻刻都有着苦的尝试和苦的警觉，从事改善，力求进取，那么，非但没有革命或暴动的战争，也不会有互相竞争的现象了。笔者以为痛苦的接受和痛苦的发掘，是历史进化的原动力；偶然的暴动或必然的战争，是历史走向矛盾的反动。如果人类的社会经常不保守，永远不停滞，怎会又有战争？例如美国，自1865年南北战争结束之后，因为时常都在纠正社会病态，所以也不会发生社会革命的危机。所以战争虽亦有着刺激历史演进的动力，但那不是正常也不是主要的原动力。

三、人性升华的极点

前面说过，泛神论的哲学家们，以为人性的最善便是溶解于宇宙之中。我们中国道家的所谓“归真返朴”，也不外乎来于自然而复还原于自然的意思。在儒家的理念中，人的最高境界便是“天人合一”，这个天，在《书经》中常被称为上帝，不过这个天或上帝的涵义并不与宇宙的本质或大自然的解释有什么不同，所以有人把中国的哲学思想划入泛神论的范围，自也不无道理。基督教的最后目标是上升天国，做上帝的子民，上帝虽是基督教的最善，但是基督的信徒并不能达到上帝同等的地位。佛教的究竟是在成佛，佛的境界虽也有着自然或上帝的特性，佛是亘古常存、遍处常在，佛在时间与空间中如来如去、无往无不往、无在无不在，但是佛陀并不同于自然或上帝。泛神论的自然或上帝乃是无知无识、不知不觉的，所以西方哲学家亚里士多德及斯宾诺莎都以为“人应该爱上帝，上帝无法爱人”，佛陀却是自觉觉他觉行圆满的。在泛神论的思想中，只有整体的大我，没有个别的价值；在佛法中除了大我的统一性，还有个别的独立性。所以佛的世界无边，佛的数量无穷，我们成佛，并不因为大我的统一性而抹煞了个别的独立性。不像泛神论，简直是否定了个别的人性，像这样的升华，善是善了，但在我看来，总觉得太空虚也太没有意思了。再以基督教与佛教来比较，基督教更有问题，《新约圣经》虽说上帝“充充满满有恩典”，但是这样的恩典并不能把上帝的儿女变成上帝的继承人；同时依照《旧约 · 创世记》的神话记载，基督教的上帝并不即是中国人所说的天，中国人的天是充塞于宇宙之间的，基督教的上帝是超出宇宙之外而独立存在的东西，所以他能创造宇宙。其实这是不能够加以验证的神话，宇宙是无穷大的空间与无限长的时间的综合，上帝不在这个时间与空间之中，到底又在哪里？再说正因为上帝不能充塞于整个空间与时间，所以才觉得空虚，感到无聊，因为无聊得发闷，才像小孩子玩泥巴一样地创造宇宙的万物。要不然，《创世记》上就该告诉我们，上帝创造万物的动机是什么了。耶稣爱人，他把人类置诸上帝的权威之下；佛陀救世，则教众生自在充满于宇宙之间同样是属于人性的升华，谁说不是佛教的精神更为伟大？

写到这里，我们应该有一个结论了。因为笔者同样是个没有成佛的凡夫，无法把佛的境界拿出来作为现实的求证，但是我敢保证，依照佛法的道理去做，即使成佛的理想是骗人的谎话，那也有益无损。试问：步步脚踏实地，时时忍受痛苦，从痛苦中求取经验，以经验来建设自己，那岂不是走向成功之路的最好方法？可见佛教不但“有其诱导人心向善的功能”，尤其还是“终极圆满的真理”。

《人生》杂志一〇卷四期

Chapter 4
解脱之路

没有得与失的观念，不要为追求快乐而避开痛苦，不必为求佛果而脱离轮回。这就是佛菩萨的特证。

人生何处是归宿

“人生何处是归宿?” 这是一个哲学问题，也是一个宗教问题。不过，能把这个问题解答清楚的哲学和宗教却并不多。西方哲学，偏重于自然物理的探索，所以对人生问题没有把握。有一位西方哲学家，把人生比作一个人走在一条山谷间的狭长的桥上，前面看不到尽头，后面见不到起点，上下也莫测高深，好像在五里雾中，什么也不知道。像这样迷糊与昏沉而恐惧的描写，的确也说出了多数人的感触，但是，他们却没有得到这个问题的答案。至于西方的宗教——基督教，虽说人生的前面摆着两条路，不是信了基督进天国（永生)，便是不信基督下地狱（永死)，然而他们却无法将这问题求得合理的解决。比如刚出世的婴儿，是无知的，是无信仰可言的，为什么也要下地狱？再如没有听过耶稣福音的人，如苏格拉底、亚里士多德、中国的尧舜孔孟，为什么也要和暴君尼罗、流寇黄巢乃至所有的顽臣贼子受着同样的惩罚，一律都下地狱，这岂不是好歹不分，有失公平？再说中国的儒家，是东方思想的代表之一，儒家是以研究人生哲学著称的，但他们只限于人本主义的伦理范围，出生是人生的开始，死亡便是人生的结束，生前死后究竟怎么样，孔子则说“未知生，焉知死”了。中国人虽然幻想着有个“泉下”的境界，但那只是幻想而已，因为谁也没有去过“泉下”的经验，所以对死后的问题，儒家是存而不论的。

尽管人生的问题得不到明确的答案，人们却从来没有把它忽略过；相反地，尽管人们如何地研究推敲，也不会找到有力的说明。曾有人这样问过胡适先生：“人生在世，究竟是为什么的?”胡适的回答是：“现在的人最怕的是有人问他这个问题，得意的人听着这个问题就要扫兴，不得意的人想着这个问题就要发狂。”为什么要扫兴、要发狂？因为大家不知道究竟为什么，即使胡适本人也是一样。古人说：“久旱逢甘霖，他乡遇故知，洞房花烛夜，金榜题名时”，是人生的四大赏心乐事，可是一读到“落花流水春去也，天上人间”的时候，又不难联想到“月有阴晴圆缺，人有悲欢离合”的词句了。所以每当人们想到生与死的问题时，便会无可奈何地感慨万千，像曹孟德这样的英雄人物，还会吟出“对酒当歌，人生几何”的诗句来。有人说人生是个谜，是个梦，也有人说人生是一杯苦酒，正因为人生受了生的限制和死的威胁，才会造成人类思想的两种极端：有些人以为人生有一死，死了就完了，所以在未死之前应该不顾一切地为所欲为，也不妨“今日有酒今日醉”地麻醉一番；有些人则以人生数十年，仅如过眼烟云，与其发愤图强，倒不如退隐林泉来得清净。中国还有一派道教的思想，他们因为怕死，所以研求长生不老之术，但是失败了。其实，这种思想对吗？当然不对。笔者是佛教徒，所以我想把佛教的人生观介绍出来，给读者们作一个参考。笔者在前面引过梁启超先生的一句话，他说：“佛教本非厌世教也。”

佛教为什么不厌世？请让我们慢慢讨论。

基督教的思想和中国的传统虽然出入很大，但有一点，基督教说人类的罪恶是由于人类共同祖先亚当和夏娃的遗传，中国人则说“积善之家，必有余庆，积不善之家，必有余殃”，同样是承认祸福可以遗传的。我们也往往可以听到这样的诅咒：“缺德的家伙，你不怕绝子绝孙?”可见，中国人对于人生的归宿是寄望于后代的子孙，这一点却与基督教的永生和永死不同了。然而当人们唱出“儿孙自有儿孙福”的论调之后，中国人的道德基础却又有发生动摇的危险。

佛教对于人生的看法就不同了，佛教的根本思想离不了“因缘”和“因果”的原则，以因缘解释空间宇宙的聚散成坏，也以因缘解释人生社会的关系；以因果说明时间延续的演变，也以因果说明人生来去的方式。人生，乃至所有一切众生，在宇宙间没有一样是单独存在的，一个人的生存必然要受他人的影响，同时也会影响他人，这种影响的关系在佛法中讲，便是缘。个人的存在是“因”，外在的影响是“缘”。个人的“因”比如是种子，社会的“缘”就如阳光、空气、土地和水分。如果只有个人，不要群众，他就不会变成伟人或圣人了。伟人、圣人乃至成佛，在他个人当然是成功了，但是在他同一社会中的群众，也不能说毫无功绩。中国有一句俚语“花花轿子人抬人”，便是这种情调的衬托。佛之所以能够成佛，因为他在无量无数的生死过程中，发菩提心，广度一切众生。如果没有广大的群众作为救济教化的对象，也就不可能有佛菩萨的出现了。

讲到这里，我们要解答几个问题了：

第一，人死之后，也就是另一次生的开始。人的生死，如同我们搬家，当旧的躯壳解脱的时候，另一个新的住宅已经在那里准备好了，新住宅的等级高下，但看我们前一生的投资作为决定的标准。什么叫做前一生的投资？那就是我们给社会人群的贡献究竟是多、是少？或是透支？其中没有什么神秘，也不用经过任何神的审判，只是随着各人自己深刻在意识中的印象（佛教称为业力），主宰着各自未来世的命运。

第二，不信宗教，不一定就下地狱。这在其他宗教来说是不可能的，特别是基督教。在基督教中，别说不信基督要下地狱，信了基督的，如果不蒙上帝的照顾，同样也得下地狱。真正的基督徒，也不像一般以信教为饭碗的人们，专门以廉价倾销的口号作为收买信徒的手段，说什么凡信耶稣即使再大的罪恶也会得救。其实《圣经》上却说："因为凡遵守全律法，只在一条上跌倒，他就是犯了众条。"（见《雅各布书》第二章第十节）他们的律法便是有名的《十诫》，为便明了和研讨起见，不妨照抄如下："一、除了上帝以外你不可有别的神，二、不可为自己雕刻偶像，三、不可妄称耶和华你上帝的名，四、当纪念安息日守为圣日，五、当孝敬父母，六、不可杀人，七、不可奸淫，八、不可偷盗，九、不可作假见证陷害人，十、不可贪恋别人的妻子和财产。"

佛教没有这样的规定，佛教不但不说不信佛的人都该下地狱，就是信了基督的人，同样也会承认他们在善行或慈善事业上的价值。前面说过，只要对人类社会有贡献的人，都有他们应得的果报。因为有少许的贡献比没有贡献好，同样的，不犯罪比少犯罪好，犯小罪也比犯大罪轻。所以根据佛教的看法，人们不用怀疑死后的去处，也不用惧怕死后会有怎样的遭遇，只要自己对社会的关系贡献多于接受，那么你的死后境况一定不会比现在更差。可见，除了作奸犯科的坏蛋和丧心病狂的野心家之外，大教育家、大政治家、大科学家、大宗教家，以及一切对社会有贡献的人们，都有他们应得的好的福报。

第三，信仰佛教，才是真正的出路。我们知道，同为人类，为什么人类之中还有高尚与下贱的差别呢？那完全由于每个人的环境、智慧、志向和毅力的不同。环境和智能，依照因果的原理来说，是属于先天或前生的感报；志向和毅力，却在于后天今生的培养。没有好的环境，我们可以从困苦中奋斗出来，没有过人的智慧，也可以用时间和努力来磨炼，所以先天的条件并不能绝对地限制我们的前进和发展，唯有意志消沉、缺乏忍耐精神的人才有堕落危险的可能。这在佛教的立场上说，志向便等于“信仰”，毅力则相当于“愿力”，不过佛教的志向和毅力是由人生暂时的过程拉长及于整个永久的生命了，因为今生的结束便是来生的开始，来生还有来生，来生永无止境，除非超出三界轮回，生死死生是不会结束的。在这里，我们便可以明白，为什么要信仰了佛教才算是真正的出路了。人生有了信仰，便等于水手有了罗盘，我们可以在信仰中找到我们理想的目标，根据信仰的指示，向前向上，不断地努力，继续地迈进，即使这个目标太高太远，或许也有很多阻碍，只要我们认定方向一步一步再接再厉地走过去，总有一天会到达目的地的。如果不信佛教，去信其他宗教，虽然也有很多功效，比如基督教十诫中后六诫，在佛教中同样受到重视，不过基督教的目标太近太低了，基督教的理想是天国，佛教的境界中也有天的说法，佛教却不以天国为究竟理想，而以涅槃解脱为最终目的。天国在佛教看来只是享受福报欲乐的境界，并非究竟解脱的去处，所以当佛母摩耶夫人上生天国以后，佛陀还以神通的力量去向佛母说法，免得在天国的福报享尽之后还堕人间，甚至进入牛胎马腹。基督徒说耶和华上帝是唯一的神，是最有权威的神，其实不过是希伯来民族的保护神；而且从《新约》、《旧约》中那些记载看来，也不能不使人对他的权威感到怀疑。佛教是一个理性的宗教，佛陀告诉我们走什么路可以生天，走什么路可以跑出生死范围，走什么路可以成佛。佛陀不开空头支票，也不嚼饭给人家吃，他给了我们一张通向成佛之路的地图，要我们以信仰作为方位判断的指南针，按部就班地修习前进，信仰佛教等于得到了生命旅程中的方位指示。有了这种信仰，我们便不会再在人生的归途中兜圈子走冤枉路了；有了信仰，我们便会勇敢地去克服任何困难，不受任何困难所困扰，便不会因了困扰而感到烦恼。试想：没有烦恼的人生，该是多么恬静优美的人生呢？

不过，学佛不一定能够“立地成佛”，也不可能单独地逃避现实，相反地，乃是出生入死，加倍地吃苦，更积极地入世。所谓“九炼成钢”，我们信佛学佛之后，要以救苦救难的救世精神来培养我们的慈悲心，一直培养到跟佛陀一样的伟大，才是我们学佛功德的圆满究竟。至于怎样才能在生死大海中经常维持我们为群众服务的精神，那就要靠“信仰”和“愿力”来巩固了，我们要以“信仰”对正目标，更要以“愿力”坚定信仰。到了这种地步，我们除了对于成佛的信心和救世的责任，不会觉得生的可爱，也不会感到死的悲哀，这就是走向解脱而接近于解脱的境界了。那时候，我们还怕地球的毁灭吗？地球毁灭之后，同样还有更多更大的世界，和那些世界上的群众或众生，等着我们去做巡回式的服务哩！亲爱的读者们，帮助人家接济人家，岂不比要人帮助、接受接济更伟大更愉快吗？拿出我们热爱和慈悲的心，分赠给那些正在痛苦中呻吟的人们，给他们温暖一下罢！这是什么？这就是人生归宿方向的开步走！

1957年双十节，刊于《人生》杂志九卷一一期

解脱之路

人与人间本来是融洽无间的，也应该是融洽无间的。然而，不幸得很，现实的人世之间，既被称为人间，便很难不发生间隔的现象或矛盾的事实。尤其不幸的，今日的人间社会，这一现象或事实依然存在。

一、人与人间的对立和同体

人的本性乃至一切所有有情众生的自性，都是善良的，也是没有差别的。但是这一本性或自性，自从很远很远的无始生死以来，受着环境的变迁与激荡，便在这本性或自性的外围围上了或多或少的杂物或沉淀物。也就是说，我们在一个生命生死的大漩涡中跟着旋转，在这旋转之际，无意间便给来自各处的腐草朽木和死猫死狗死老鼠（在此应解为我们的私欲杂念和邪念）重重围在中央，直到我们有机会离开这一漩涡的中心才会各还自己的本来面目。可见，我们本来善良，人与人之间也本来没有差别，更谈不上有什么对立。然而，我们这个现实的人间究竟怎样了呢？从表面看，从现行的《联合国宪章》看，世界人类都该一律平等，也该互助合作与彼此敬爱的；一个民族国家中的人民，在民族情感与国家观念之中，都该平等相处，也该守望相助的；一个社会团体之中，在其共同目标与共同利益之下，每一个组成的成员或社员与会员，都是一致期望，也是一致努力的；一个家庭乃至一对夫妇，父母爱其子女，子女爱其父母，夫妇相爱，尤为常理。如以这样的眼光而看我们的现实世界，简直太可爱了，甚至可以不用我们的呼吁和努力来建设人间净土了。可是，我们的世界真是这样吗？夫妇之间，相爱时可以结合，不相爱时又可以离婚；父母应该爱其子女，但也有把子女当成牛马当成摇钱树的；子女应该孝敬其父母，但也有人不孝敬父母的。因为人与人间，尽管有古今以来的往圣先贤倡导“以义为朋”的君子作风，绝大多数的人们却仍陷于佛教所说“贪、嗔、痴”的泥沼，互相倾轧，彼此残杀，而不能自拔！这一个家庭与别一个家庭，应该是守望相助的，但也有隔岸观火的；同在一个国家之中的社会团体，应该都有唇亡齿寒的警惕。事实上，如西洋史上的宗教战争，却曾出在同一国家与同一宗教的门下；国与国之间，如果大家没有自私的观念和侵略的野心，大家也就不必备战，也就永远没有战争，可是，我们的世界时时都在战争的威胁之中；至于人种的歧视，自十九世纪英国诗人吉卜林喊出“白种人的负担”之后（其实白种人的优越感之形成，由来已久），直到目前为止，有色人种，尤其是黑人，始终仍在被侮辱之列！

再说，一般人的感觉，人与人间的关系虽很繁复也很微妙，但在现实生活的接触上难免没有一种孤立的情味。特别是所谓“世态炎凉”或“冷暖人间”的情状下，更易使人体会出来。比如人在“十年寒窗无人问”的时候，固然期望有个“一举成名天下知”的远景，当其一到金榜挂名、位居人臣而受到各方面的奉承与恭维之际，就不难想到这个人间是多么的势利！因为锦上添花的人何其多，雪中送炭的人又何其少呢？人之对其奉承与恭维，能有几人是为了他人或人格的崇高呢？通常人说“人在人情在”，我活着，我对人好，所以人家也对我好；我死了，我不能继续对人好了，所以生前很好的朋友也将很快把我忘掉。而且，有时我对人好，人也不一定就会对我好；我爱一位美丽的小姐，那位小姐不一定会爱我；我希望人能跟我一样地做人处世，人却不一定甚至不可能学得跟我一样，即使亲生的子女也不例外。相反地，我骂人、我打人、我抢人、我放火、我杀人、我骗人、我奸淫……人家要回敬，要告我，要我坐牢，要我赔偿，乃至要我抵命！如说人与人间不是个个对立或孤立的，我能做的事情哪有这么多不理想的反应？而且这些人与人间的罪恶和纠纷，正在时时处处困扰着绝大多数的人类以及人类之外的众生。因此，除了大宗教家、大思想家和寥寥可数的圣贤豪杰之外，对于人我合一、物我一体和佛教所说的“同体大悲”的心量，一般人是很难领会也很难亲证的。

二、设身处地与悲天悯人

人类是善良的动物，同时又是残酷的动物。西班牙人嗜好斗牛，人跟牛斗，而且逼着牛非来斗不可，斗得越残忍越激烈，观众的兴趣便越浓厚；一般人之爱看武戏，爱看战争与打斗的电影，也以为越是杀得所谓天愁地惨鬼哭神嚎，越觉得过瘾！余如人们之爱看刑场的行刑，爱看河里的浮尸，爱看梁上的悬尸。能在这种场合一掬同情之泪，或生怛恻之心的，笔者不说没有，但终少得有限。这是为什么呢？人类真是残酷吗？真像叔本华所说“人类是殴斗的动物”吗？当然不，当然没有这样的可怕。

孟子说人之异于禽兽者几希，无非是人有其自反的本能，人能自反，人能向外观境，也能对境自反或自照，所以人是动物之一种，不即等于一般的动物。也就是说，人能设身处地为对方着想。扩大而为一个国家与一个民族着想，便是革命家的精神；再扩大而为全人类着想者，便是大思想家及大宗教家的精神；更扩大而能为所有有情众生着想者，就是佛菩萨的心怀了。不过这一设身处地的心量，只有从人的本位开始着手，所以佛说“人身难得”。就以佛陀来说，佛陀出家成佛，起因亦在设身处地地向外观与向内照。佛当太子之时，出游四个城门，见了病人、老人和死人，便也想到自己的身体既跟所有的人一样，人家会病会老会死，自己当也不能例外；如果那种病老和死的现象一旦临到了自己身上，该是多么的痛苦和悲哀！因此，佛要寻求一种解脱的方法了。进一步说，因为发现人有如此的痛苦，自己是人，故也必有如此的痛苦；因为自己要想摆脱这种痛苦，凡是人，当也都希望摆脱这种痛苦；因为人类是众生之一，凡是众生，自亦有着同样的痛苦和希望。到这里，佛陀的心量已从对境自照而转为推己及人，并且推及一切众生的境界了。

事实上，在我们的现实生活之中，无时无地不能引发我们如孟子所说的“恻隐之心”。所谓“恻隐之心”，就是对境自照与推己及人的功夫。我们如能时时刻刻都以设身处地的态度，去衡量或体切人与人间的种种作为和活动，常常能够提醒自己，常常反问自己，常常以“如果我是这样”或“如果这是我的”两句话来观察我们的人间，我们就不难体会到人与人间是相通相接而又融洽无间的了。

我们一般人之不能做到这样的功夫，乃是由于现实生活与欲望的压迫，人的心灵或性灵常被现实问题的困扰而紧张着，所以除了自己求生存并生存得更好的欲望之外，很难把这观念扩大而推及我或我家之外的人与人间。有时甚至可以忘了他人或牺牲他人，来成就自己的欲望！这在佛教来说，便是众生的“愚痴”和“颠倒”。至于人与人间的种种罪恶业障，也无一不是出在这里。假如我们能拨开一切私心或私欲的重重云雾，就不难见到众生自性的青天白日。比如我想夺取他人的财宝或爱人之时，便反身自问：“如我得到财宝或爱人之后，也被他人夺去，我会怎样呢？”我想杀人放火之时，也能反问：“如我就是我的对方，在被杀被烧之后，我不遗憾吗？我的妻子儿女，岂不无家可归了吗？”再进一步，我虽无意犯法，我也无意害人，但我见了一个无依无靠而又老态龙钟的老人家，也该问问自己：“我的父母在我家里吗？我能不使我的父母变成这样吗？我自己会老吗？老了之后是不是也会如此呢？”当我见到一个贫病交迫的人，奄奄一息挣扎于死亡的边缘之时，我该不该反问自己：“我会不会也有这样的一天呢？如果这在我的身上，或在我的骨肉亲友身上，我会怎么想呢？”如能想到这里，我对那人能不同情吗？能不向他伸出一只援助的手吗？最近笔者看了一部名叫《战争与和平》的影片，其中有一段故事很可借在这里一用。帝俄的军队被拿破仑战败之后，伤兵源源向后方送来，但是政府的运输工具有限，不能把伤兵继续再向更后方送去，然而，如不继续送走，莫斯科城陷之后，这些伤兵只有等着被俘，等着死去！当时，在电影的女主角家里，也正忙着搬家逃难，她见了这些伤兵的可怜相，恻隐之心油然而生，她主张把自家车上的家具杂物通通抛下，全部改装伤兵，为了这事，她跟她的母亲辩嘴，她说："如果哥哥和弟弟现在也在战争中受了伤，我们觉得怎样呢?"笔者看到这里，不禁热泪盈眶！战争何其残酷，野心家们却在到处发动战争。目前的世界人类，谁没有个把骨肉亲友在当兵作战，或准备着当兵作战呢！那么试问：我们有没有把所有的军人都看成自家的骨肉亲友，或以骨肉亲友的关怀去关怀所有的军人呢？如果有了，我们的心灵或性灵便已冲破了私心私欲的重围，而与全人类的人性或自性互通消息了。再如社会学家见到社会问题的严重性，便产生他们的学说思想，以期逐步改进社会秩序，增进人类安全。

由于上面的例举，我们可以明白，我们如能设身处地，将人心比己心，将自己量他人，我们的心地便会渐渐开朗，我们的心境也会慢慢扩大。我们不必要求人家如何如何，先问自己是否已能如何如何；我们不必专到人家身上去找毛病，先问自己是否已经没有了他人所有的毛病；我们不必希望自己有什么或要什么，先看人家是不是都有同样的要求；如果大家有这同样的要求，事实上又不可能满足大家的要求时，我们应该怎么办？因为"有饭大家吃”不是根本办法，那样只能把少数人的饱变成多数人的饿。我们为了自己和全人类的需要，只有从事于创新与发明的努力，来造福自己，也兼造福了所有的人群。所以笔者以为，凡为伟大的思想家、发明家和慈善家等，对于悲天悯人的心境都能或多或少地有所领悟。当然，能以自性的明朗澈照发为无极无限的大慈悲心，那是佛菩萨的境界了。

三、迈向解脱之路

佛门所标的四弘誓愿，即是：“众生无边誓愿度，烦恼无尽誓愿断，法门无量誓愿学，佛道无上誓愿成。”一般不解佛法的学者们，往往以为这仅是佛教徒一种虚无缥渺或好高骛远的幻想。因为誓愿无穷，奈何人生有限呀！其实，如能透过生死流转的因果关系之后，再看四弘誓愿的内容，便会发觉乃是一大落实、一大积极与一大悲悯的开端了。要成无上的佛道，须学无量的法门；要断无尽的烦恼，须度无边的众生；要度无边的众生，仍需无量的法门；学得无量的法门，便成无上的佛道。这是一贯性的，也是连环性的。我有痛苦，可以推想他人也有痛苦；我想摆脱我的痛苦，我为我父母子女的痛苦也感到痛苦，于是也希望为我的父母子女摆脱痛苦；我在无始以来的生死之中，曾经有过不知多少万亿恒河沙数的父母子女，又不知做过多少万亿恒河沙数众生的父母子女，层层相推，世世相袭，实在是个无边的数字。因此，我要断尽我的烦恼痛苦，必须发大弘愿，度尽无边的众生。故有地藏菩萨所说“地狱未空，誓不成佛”的悲心大愿，这一悲心大愿，不是虚伪伪的口号，乃是出自菩萨的病痛。因为众生有病痛，苦萨不能没有病痛；要使菩萨没有病痛，除非众生都没有了病痛。正像要使仁慈的母亲不难过，除非合家老小个个能生活得快快乐乐一样。所谓解脱，是在通过众生的生死大海之后所显现的一种境界，菩萨精神之能够在生死之中而常作舍已为人的牺牲，乃是推己及人的结果，当这心量扩及一切众生，并且愿度一切众生而救度一切众生的时候，他的福德智慧也就慢慢开始圆满。比如观世音菩萨是已解脱了的众生，但他仍在寻声救苦，普度广大的众生；他在救苦救难之中，又不迷失其自由自在的本来面目。可见，我们学佛，固求超出三界众生的生死轮回，但要超出三界，必定还有一番艰苦跋涉的旅程，这一旅程的起点却在我们的人与人间。离了人与人间，我们的功夫，我们的愿心，便无从着力，也无法生根了。

无得失心

平常人不能想象佛陀的智慧，甚至阿罗汉也不能体会这种智慧。平常的人若要揣测佛陀所知，就好像要以萤火虫来照亮须弥山一样。平常人依赖他所学习到的知识，只能看到有形的物质世界，超出物质范围的他们便不能见到了。他们的经验和真相不相应，这种活动正如幻想中的花儿的开放。

你不能马上证到最高的境界，但你或许可以得到一个小而浅薄的佛境之概念。《圆觉经》谈到的是佛陀的智慧，而不是平常人的；但我们是平常人，假如我们愿意停留在那种状态，那便不需要修行了。然而，只有当我们听到了有关佛陀的智慧时，才体会到自己只是平常人；我们了解到还有更高的境界有待证悟时，这将鼓励我们修行。

经典告诉我们，即使是已达到声闻的果位，但还是没有达到佛陀智慧的境界。声闻行者已经从烦恼与轮回中超脱出来，但他们却不愿意以任何理由再回到痛苦的世界来。声闻行者只希望证悟或已经证悟比人间更高的境界，这有点像西方人观念中所期待的天堂。

有一回我问一个朋友："你为什么来这个世界？"他说："我不知道我为什么来到这个世界。这里的痛苦多过快乐，所以不是我愿意来的。”他继续说：“开始时我为家庭而活，我尝试寻找快乐，但我已离婚三次。每次我都尽力争取，但我的每一位太太都获得我离婚时一半的财产，并带走了我们的孩子。”

再问：为什么你们来这个世界呢？为什么你们继续生存于此？是不是因为你们想要有成功的婚姻或舒适的家庭生活？近两千年以前，中国有一位大将军曹操，在打过许多次的胜仗后写了一首诗，他写道：“（人生）譬如朝露，去日苦多。”他是一个大英雄，一个成功的人，可是他仍然表达这种感受。对于我们，在我们的家庭、我们的工作、所有我们的生活中，到底是快乐比较多，还是苦恼比较多呢？无论我们想做什么，并想好好做它，我们都将做得很吃力，假如我们真正要它成功的话。生存对我们来说是一项挣扎，譬如婴儿挣扎着要走路，只有少数的儿童喜欢读书，但读书对于他们的将来却是重要的。这些挣扎、这些负担，在我们生下来时便紧随着我们了。

于是我回答朋友的问题：“我们来这个世界，有两个原因：第一是偿还我们过去世所欠的债，第二是挽救我们即身乃至永恒的未来。就是这两个原因使我们吃苦。”

然而我的朋友不同意，他说：“我没有欠任何人任何东西。事实上，和你所说的正好相反，是她们（他的三个太太）先后拿去了我所有的东西。”

我告诉他：“你可能忘记了你所欠下的债。”我问：“你还会记得三年以来所曾做过的梦吗？”我的朋友说：“那是不可能的。”他已同意了我说的理论。

或者你不会记得全部你曾做过的梦，但是你必须记住，生命正如一场梦。在死时，这个梦结束，并开始另一个新的梦。你怎么能够从一个梦中记得另一个梦呢？但你知道你曾做了一个梦，所以你也应当知道有轮回生死这回事。

可以这么说，我们必须还前世欠下的债，以使这些债不会再带到下世去。对于这点，我的朋友说："如果这是一场梦，那么我便不需要做任何事情了，因为不管怎样这都是错觉。"但我回答："如果你不做一些事，你会感到遗憾的。"因此我的朋友得出结论："那么我就必须努力，直至死的到来。生活中有太多的痛苦。"

这些问题和答案揭示了什么呢？便是平常人的生活和无可避免的痛苦。声闻行者已经从这种生活中解脱出来，但他们仍然还未有佛智的概念。让我举一个比喻以显示佛陀智慧之超越性。

有三只野兽同时在同一地点过河：一只大象、一匹马和一只兔子。当大象过河时，它知道河有多深，因为它的脚是踏在河底的；马知道靠近岸边的深度，但不知道河流中间的深度；兔子则完全不知河的深度，它只是浮在水面游泳过去。但三只野兽都可以渡过河流。兔子代表小乘声闻，马代表大乘菩萨，象代表佛陀。三者都越过了河流，它们都获得了智慧，在程度上却不相同。所以甚至一个高深境界的小乘行者乃至菩萨行者也不能知道佛陀的智慧，何况是平常人。

一般人都是从书本上及学习中得到知识和智慧。这并没有错，但最高的智慧，甚至最深的情感，是不能以文字来表达的。

很多实例显示了文字的功能极其有限。有很多例子我们在报纸上见到，有年轻的孩子因战乱而来到台湾，与大陆的父母分离了二三十年，或与恋人分开了数年，当这些人一旦重逢时，他们所能做的可能只有互相拥抱着痛哭一场而已；不仅文字无用，语言也成了多余的事物。

动念的心需要语言这一符号，但使用符号不能使我们达到很高的境界。通过语言符号，我们只能得到有形而且有限的成就，它们不会引导我们到达佛陀的智慧。

经典告诉我们，轮回中的人不会进入佛陀的大觉智海。因为人在轮回中，有生死、得失的念头，它充满了烦恼。当我们希望得到快乐并从不幸中解脱时，就是心的轮回的活动。这正如你在口渴时喝下咸的海水，你越喝越感口渴，你越感口渴便喝得越多。快乐与幸福的意义是不明确的，它们是由什么构成的？社会地位，好的职业、名望，一个幸福的家庭？平常人说这是理想生活的标准，但这些东西不能维持多久。正如上面所举诗中说的“朝露”，它们在早晨的草上是那么的美丽，但太阳上升后很快地会使它们蒸发掉。它们的存在是很短暂的。

于是那些有轮回心的人会有两种态度：追求快乐和逃避不幸。这种态度是愚蠢的，但对于平常人这又是自然的现象。假如平常人没有这种态度，他们将失去生存下去的意愿。

追求快乐，正如狗在兜着树桩追逐它自己的尾巴；它一直在转圈子，以为它的尾巴是属于另外的一条狗或什么动物，但它永远追不到它。逃避不幸则如在阳光下行走的人逃避他的影子，他以为影子是邪恶的，他便以快跑来避开它，但他跑得越快，影子也跟得越快，只有使你更加疲倦。

我的朋友又问我："我们应以什么态度来面对我们的命运?"我的回答是这样的：不论什么事要发生，就让它们发生；我们不必对未发生的事过分忧虑，但却应该未雨绸缪。假如它们是有益的，尝试使它们发生；假如它们是无益的，尝试使它们不发生。如果你生病，除了找医生治疗外，你还能做什么？如果你没有生病，你尝试使自己健康，但你不需担忧你可能会生病。假如你生病，不必诉苦，也不必与其他人作比较，这样你会更加快乐。

这种没有得失心的态度便可渐离轮回的心。能不能真正过这种生活是一个问题，但这是作为一位菩萨所应有的态度，菩萨不应引起他人痛苦，也不应为自己制造痛苦。但他们也不怕痛苦，在痛苦未生起之前，他们不会畏惧痛苦；当痛苦生起时，不会厌恶它，这样便不会有真正的痛苦。十五年前，越南有一位叫做广德的僧侣为了抗议政府排斥佛教的政策而自焚，或者有人问，假如那样以火焚身的痛苦可以忍受的话，则那些僧侣已可不把任何痛苦视为痛苦了。那当然是会痛的，但是不会因痛苦而起烦恼。

没有得与失的观念，不要为追求快乐而避开痛苦，不必为求佛果而脱离轮回，这就是佛菩萨的特征。

有人问我是否要钱、要寺院或是否希望受到重视等等。我说，如果这些是有必要得到而又可以得到的话，我不会拒绝的，但我不会因为求之不得而失望。

日日是好日

一、日日是好日

“日日是好日”，你们看过这句话吧。“日日是好日”，每天都是好天。这句话也可以这样讲：人人是好人，事事是好事，处处是好地方。人没有坏人，天气没有坏天气，事情没有坏事情，随处都是净土。那么可以再加上“心心是好心”、“念念是好念”。

“日日是好日”是云门祖师所讲的一句话，但是后来很少有人理解它究竟是什么意思。我在《禅门呓语》的序里头用到这句话，我说：如果真正达到“日日是好日”的话，那么我在禅七期间所讲的一些疯癫话可以不用忘了。如果没到达“日日是好日”的程度，那我在禅七中所讲的话一定要忘掉，要不然会有麻烦。我在禅七里讲的是什么话呢？是疯话。什么是疯癫的话呢？应该是看起来、听起来不合逻辑、不合道理的话，甚至是不合佛法的话。

前天有位日本教授到我们文化馆来，看到《禅门呓语》里有一篇心得报告，题目是《师父是骗子》。如果根据一般佛法讲，这是大逆不道的话，怎么可以说师父是骗子？师父骗了谁啦？如果以禅的立场来讲，这种骗子越大越好，那释迦牟尼佛也是骗子，而且释迦牟尼佛所讲的经典统统是“胡说”。佛在《金刚经》中说：“如来是真语者、实语者、如语者、不诳语者、不异语者。”但他又说：“若人言如来有所说法，即为谤佛。”可见佛也是大骗子。

二、乖牛与笨牛

其实这个“骗”有安慰、鼓励、引导、诱导的意思在里头。小孩子不肯吃饭，母亲会说：“乖乖！你赶快吃，吃过饭后再买糖果给你吃。”小孩子吃过了饭就忘了，他已经吃饱了，还要什么东西！所以母亲对孩子也是用骗的。不单是骗，而且是哄、吓、诈、骗。最好听的话、听起来最舒服的话，是哄。哄是真的吗？当然不是。在佛陀的时代，佛看到一个人在骂人，他说不能骂人，不但不能骂人，连牛都不能骂。佛讲了一个牛的故事作为例子：

过去有两头牛，拉着两辆车子走，一头牛走得快，一头牛走得慢，走得快的越走越快，走得慢的越走越慢。原因何在？原因是驾车的人不一样。前面那头牛走得快，因为那驾车的人对牛说：“我的乖牛，你是我的宝贝，你是我最聪明、最好的牛。我就靠你而已，你替我赶快拉，拉到尽头，我给你好东西吃，好的草、好的粮。”等到这头牛拉不动了，驾车的人又说：“我不相信你拉不动了，你的力气比现在更大、更多，你是世界上最好的牛，所以我最喜欢、最疼爱你。”于是，那头牛又拼着老命继续拉。在后面那头牛就不一样了！赶车的人老是骂牛：“你这笨牛，懒牛、坏牛、糊涂牛！怎么老是休息，又是小便，又是大便，这么没出息！你看前面那头牛，人家跑得多快！你再不走，回去以后我把你卖掉，再不走，回去后干脆把你杀掉！”这头牛想，反正是死，反正是坏，反正是懒，反正是没有用，于是它就蹲下来，索性不走了。

所以，三藏十二部的佛法里面没有一句真话，都是讲这些哄的、骗的。那么有没有诈或吓呢？《地藏经》中讲到：“你们不能做坏事；你们如果做了坏事，存了坏心，要做畜生，堕地狱、饿鬼道中。”这是什么？这就是吓。禅宗祖师善用诈，诈就是诡计多端，不直截了当跟你讲。譬如说，本来希望你向东走，可是晓得你这家伙不听话，叫你向东你一定不向东，所以跟你说：“不要向东走，东边最不好了，我不希望你向东边去！”你想一想：“哼！你不要我向东边去，我偏偏向东边去！”这下子便上当了，本来就希望你向东边去。像这种情况，在经典里叫它做方便法。方便法不是究竟法，方便法是可以依不同的人而用不同的方法。比如同样地希望大家向东边去，对某甲叫他向东边去，对某乙则叫他往西边去，而达到的目的却是一样的。比如令一人自台湾向东走，令另一人自台湾往西走，最后这两人可能是在美国的纽约会合，这就是诈、骗。

三、鱼在天上飞，羊在海底吃草

比如“鱼在天上飞，羊在海底吃草”，这是没有意思的话，是不可能的。有时候我说：最高的地方是海底，最深的地方在山上。这是不是相反呢？就常识而言，这是没有道理的。可是，讲道理会使你头脑想得更多。为了叫你不要讲道理，祖师们讲疯话，甚至讲逢佛杀佛。有的祖师讲，念一句佛要漱口三天，这到底是什么意思？如果你能达到“日日是好日”的程度，你就可以体会到这些话的真义。

“日日是好日”是心中没有分别，没有你我、好坏、大小、长短、男女等，这些相对的全部都没有。那么是不是有统一的、绝对的呢？统一的时候如果觉得统一了，那么统一的本身还是分别心。真正的无分别心是没有矛盾，也没有统一。如果执著于统一，表示在统一之外还有矛盾。自以为：我是在无分别、没烦恼这一边，其他的人则是有分别、有烦恼；别人无智慧，我有智慧。

一般宗教、哲学大致上在追求一个理想，追求超越现实，追求超越我们平凡世界的一个境界，所以有神的世界、有人的世界、有战争的世界、有和平的世界。大家追求和平的世界，反对战争的世界；又追求圣和灵的世界，希望离开凡夫或人的世界，这是哲学、宗教上的二分法，就是希望从人间、现实中超出，而达成一种理想，或者是从我们的现实生活得到解脱。像这种情况，永远是追不到的，永远是没有的、虚幻的，永远是假的、不可能实现的。这好比一条狗，背上绑一根竹杆子，杆子上挂一块肉，狗要吃这块肉，狗在跑，知道有一块肉在它前面，可是永远吃不到它。为什么吃不到？因竹杆子绑在身上，狗跑竹杆子也被狗带着跑。所以要追求一个统一的、永恒的、圣灵的或者是理念的、理想的境界，那是永远不能实现的。耶稣说天国已经快降临了，其实天国永远不会来，如果天国是永恒的，永恒的便不会有来与不来的区别。再说我们所讲的无分别心，到达无分别心的时候，现实的世界就是理想的世界，理想世界和我们的现实世界不分；烦恼本身就和智慧一样，我们凡夫的生活和圣人的生活没有两样，所不同的就看你的心是不是平了。如果心很平、很稳、很实在，那么一切本身都是好的，没有什么不好。如果自己的心常常在动，那么一切外在的现象统统是扭曲的了。

四、海面无风三尺浪

我常常作这个比喻：一面镜子如果被摆动的时候，影子就看不清楚；一盆清澈的水，用嘴巴吹动它，再看水中的影子，一定是扭曲的。我们的心经常在动，大概像刮风时海面上的波浪，如果心比较稳定，那大概像刮小风。我们中国人常常讲“海面无风三尺浪”，船在海面上走，我们不觉得有风，可是浪还是有的。平常的人，有大烦恼的时候，恨不得要杀人！或者想要追求什么，譬如想追求一个女孩、男孩，或是发生三角、四角关系的时候，挖空心思，用尽办法，想去对付他人。社会上发生的罪恶，不外是为了金钱、男女，还有名誉。有一次，我在美国对一位中年的中国徒弟说：“你不够坦白！你有问题为什么不明白讲？偏要兜着圈子讲。”又说：“你已经这么大年纪了，要好好改过。”听了这些话，他好难过，他已经是五十多岁的人了，听了这些话受不了。回去之后，他好几天睡不着觉，三个多月不来看我，又接二连三地写了好几封信来骂我，每封都是四五千字的长篇大论。我也不去理会这些恶毒的信，何必动那么多头脑！如果也像他一样，他写来几千个字，我也回他几千个字，这样我不是和他一样起烦恼，何苦呢？后来这个人变得很和气，很感谢师父。他说："您真是师父！我做不到。您说我一句话我就受不了，我说您这么多您都受得了。"我就告诉他："你遇到事情，心里太容易激动，这样子身体不容易健康，平常睡觉一定睡不好。你多思、多虑、多忧、多累、多斗，只有增加苦恼。学禅第一就是要我们身体健康，第二就是晚上睡觉睡得好，第三就是要我们平常无忧、无虑，不要自找苦恼。这就是我们学禅的人最基本的态度！至于高深的开悟是什么，我们且不要去理它。"从此以后，这个人非常精进，努力用功。

这段话是什么意思？就是说我们的心容易受环境影响而波动，我们自己常常跟自己过不去，自己找自己的麻烦。

五、直心是道场

我们要在"无"处用心，要以无得失心、不计得失来做一切事，使我们的心处在平凡之中。平凡的心就是好心，好心就是无分别心，无分别的心就是直心。佛教有一句话"直心是道场"，一般人不懂直心，以为心直口快就是直心。其实所谓直心就是心不扭曲，没有波纹，念念都是平直的。道场又是什么？就是与道相应的地方。中国人有时把道解释作一条路，平的路大家都喜欢，如果路上都是坑大概就不喜欢。心是直的、不扭曲，那就像一条笔直、平坦的大路。

如果是扭曲的心，还不是很坏的心。混乱心和颠倒心比扭曲的心更糟糕。所以修行的人，先要从乱心、倒心着手，修成不乱、不倒、有秩序的心，再从有秩序的心变成直心。真正的直心是一片很平的心，不止是一条直线；直心不但是普遍的，而且是永恒的，因而直心也叫做不动心。到怎样的情形才是不动心呢？心要完全不动是很不容易的，从菩萨道的修行过程来说，到了第八（不动）地才是真的完全不动。平常人的心在时间上会动，在空间上也会动；在此地、此时不动，而换了一个环境可能会动，所以平常人不能维持完全不动。就是我们修行学禅的人，也很不容易做到日日是好日。如果在任何时间、任何地方，心永远不动，到了这种程度，可以说是到了无心、无智的阶段。学禅的人由散乱心变成单纯的心，由单纯的心变成一心，从一心变成无心，这是三个阶段。证到阿罗汉果，就是无心；不单是没有分别心，连统一心也没有。心统一而不自觉，就是连和“分别心”相对的“统一心”也没有了，这就是无心。若有统一的心，仍是凡夫外道的境界，这还不及佛法的小乘。

六、无智亦无得

《心经》里讲到“无智亦无得”。有说不要智慧，那就不用开悟了，没有悟可开，就没有智慧可得；既然没有智慧可得，我来修行做什么呢？所以说这种人很矛盾。有人很喜欢念《心经》，也念得很好。可是如果告诉他没有智慧这样东西，没有智慧可得，他就怕得不得了！有一位老居士，已经学佛多年了，然在禅七期中听我说没有阿弥陀佛，没有释迦牟尼佛，没有悟可开，这么一讲，那位老居士就跟我说："师父，我想走了，我不能再住下去了。几十年，我好不容易信了佛。这下子佛也没有，什么也没有，再下去不得了了！我还是希望有佛。"结果他真的中途先走了。这位居士有没有念《心经》呢？他每天都念呀！我们早晚课都要念《心经》的。他有没有看到"无智亦无得"这句话呢？有的，可是不能接受。

有智仍旧是小乘，无智才是成佛。有智慧还不是好日，无智慧以后才是日日是好日。为什么有智不是好日呢？因为证到阿罗汉果以后，他有涅槃在，就觉得有凡夫、有圣人、有生死、有涅槃，他厌离生死而愿意永住涅槃，得无余涅槃，不再来世间受生死、六道轮回之苦。可见罗汉并不是究竟无分别，他还是有分别的。相对的没有了，统一的也没有了，这个时候便是智慧；如果连无相对、无统一也都没有了，这才可以说是无智。

我在《禅门呓语》中讲到人人都在做梦，做梦的人在做梦，醒的人也在做梦。那么，佛做不做梦呢？佛也在做梦，而这个梦是做给我们看的。"无智"不是愚痴吗？不是的。空有几个层次：第一层是空掉分别、相对，第二层是空掉统一，第三层是空掉"空"。第一层是外道之统一，第二层是空，第三层是空非空。一定要到空非空的程度，才算日日是好日。一个人到了日日是好日的时候，还会看到坏人、见到坏事吗？

《六祖坛经》讲道："烦恼即菩提，生死即涅槃。"也可倒过来讲："涅槃即生死，菩提即烦恼。"对一个大彻大悟、一悟永悟的人来讲，根本不再分别生死与涅槃。因为众生有生死所以他有生死，而不是因为他自己有生死；他是因为众生而有生死，他只是众生的一种反映。他本身已不存在，因有众生而他存在。没有佛这样东西，因为众生而有佛；没有菩萨这样东西，因为众生而有菩萨。佛菩萨已经是最高、最圆满、最究竟，在他们已经没有生死和涅槃的问题，但是为了众生，所以佛菩萨还往来于生死。菩萨自己存不存在？他们自己并不觉得有自己的存在。如果自己还觉得自己存在着，那就是还有我——我存在于涅槃，我存在于智慧；我能入涅槃，我有大智慧。既然无我相、无人相、无众生相，这些相统统没有了，当然他本身是没有的。因此佛是没有的，菩萨是没有的，但是对众生来讲，佛是有的，菩萨是有的。

日日是好日，人人是好人，事事是好事——对已彻悟的禅者来讲，既没有坏人，也没有坏事。因为没有人可以伤害到他，也没有事可以使他烦恼，他本身是没有好坏等价值观念的。他们既不如凡夫以个人为中心作价值判断，也不像外道以全体的宇宙为中心作价值判断。正因为泯除了所有的分别心，所以对他们来说，日日是好日。

1981年8月9日农禅寺禅坐会开示

Chapter 5

智慧的圆融

所谓“禅”，就是放下当下的自我中心。自我并不重要，重要的是活下去。实实在在地活下去，一步一个脚印地走，不是犹犹豫豫地东张西望，也不是没有目标地乱走，而是认定一个方向，放下自我与利害得失，努力冲刺。

慢活人生

我想，“慢活”的意思，就如同禅修所说，放松、不要紧张。打拼是很紧张的，但慢慢地来，是在欣赏自己的人生，走任何一步都是在享受、欣赏。

举一个例子，越南籍的一行禅师，他教人学禅的方法，要人慢慢体验自己的生活，体验自己走路的感觉，享受自己慢慢走路的过程。有很多的人生活非常紧张，甚至紧张到害病，糖尿病、心脏病、高血压样样都有。用禅修的方法，可以将生活的步调放慢，把自己的心情缓和下来。心情一旦舒缓，工作就更有效率。

我常说：“工作要赶不要急。”赶工作并不是等同于急躁。通常很多人赶工作都会很急，手也急、脚也急、心也急，工作好像是赶的，赶的结果反而让工作出差错。慢慢地做，反而会做得非常好。

我有一位女弟子，在哥伦比亚大学读书。那时我也在美国，她担任我的侍者，每天替我准备早、午餐，晚餐则等到下课回来再做。这位弟子每天一早起来还要做早课，她的动作很慢，不慌不乱却效率很高，慢动作之中也可以做出细功夫来，功夫细而效率高。她在一小时内可以做许多事，慢与效率是不冲突的。

我问她：“动作这么慢，为何一小时可以做这么多事？”她说："不能快，快就会乱了方寸，我很清楚每小时、每分钟应做的事。"

还有另外一位女弟子，她整天都很忙，包括扫地也是很快，但拼命扫却扫不干净。因为忙就想很快地扫完，反而扬起许多灰尘，结果地扫了却不干净。她每天拼命地工作，但工作效率和品质都不好。

由此可见，慢活的提倡，和发挥效率、发展潜能是不冲突的，反而是有助益的。

境随心转能转败为胜

“心随境转”、“境随心转”这两句话，我经常拿来勉励自己，也用来为信众、弟子打气。通常，我们凡夫都是会心随境转的。

举例说，大多数的人不喜欢下雨。比如法鼓山正在整地兴建学校，只要看到天空乌云密布，承包商和工人就愁眉苦脸，因为一下雨，再等地干，至少两天不能工作，工期就会延宕，成本也提高了。所以，因为个人的利害和所处状况，人的心情就会随着这些条件而变化，这就是心随境转。

但是，同样是下雨天，作家琦君女士在一篇散文里却说她喜欢下雨天呢！因为她会想起小时候，下雨天躲在母亲怀里听故事的情景。她一样一样地把下雨天的温馨回忆举出来，她的内心也因为下雨天而出现一幅幅美丽的图画。下雨天对她来说，真是太好了。这也是心随境转，心随着外面的环境转到好的方向去了。

生活里充满这样的例子。有的人明明知道没有办法跟别人竞争，试一下却幸运得胜，让他非常高兴；有人明明实力很强，但竞争结果却没被录取，内心非常痛苦。这都是心随境转。

“境”包括人、事、物，都可能影响我们的心情起伏。受外界因素影响心情变化，是非常痛苦的事。但真能做到“境随心转”吗？事实上是不太可能的，因为人、事、物都是外在环境，天有不测风云，个人力量很难完全掌控。但是，我们可以改变自己面对环境的态度，收伏起落不定的心情，也就能转劣为优，转败为胜。

我有个信众在海边用有机方法种稻，但去年连连发生问题，先是出现福寿螺，接着又有虫害，当他以为收成无望时，害虫的天敌出现，两三天就把问题解决了，后来稻子收成不错。他得到经验：任何事都要往好处想，往坏处准备；能解决就解决，不能解决就面对它、接受它、处理它、放下它。

有一位瓜农，木瓜还未收成前就被台风破坏了。我跟他说，靠天吃饭的人，天给饭吃要感谢；天不给，也不用恨，因为这不是人可以掌控的事，但心情却是自己可以掌控的。

不要天真地以为人定胜天，环境一定会照人的心意而改变，能改变的其实是自己的态度。如果今年木瓜收成不好，明年就什么也不种，这样到了最后就什么都没有了。

如何认清自己

在我指导修行时，“认清自己”的层次分为自我肯定、自我成长和自我消融三个层次。

自我肯定是先肯定自己的缺点，再肯定自己的长处。一般人对自己的缺点，大都隐瞒、掩盖或不愿检讨和承认。这种人，往往是一脸的灰尘、油垢，但不愿自我反省和检查。他也许曾照过镜子，但看到又脏又丑的自己，就没有勇气再面对镜子。这种人不清楚、不了解自我长相，拒绝看清自己的缺点，往往自我膨胀。就像火鸡看到外敌时，颈部和身上的毛就膨胀竖直，借以夸大实力，希望让对手以为它体型变大了，但大家都清楚那是假象。

要真正认识自己，必须常常反省，最好在心理稳定、生活正常时进行。如果情绪不稳定，生活状态很混乱，反省也没有用，因为看到的只是我比人家大、比人家好、比人家强，很阿 Q 的自我膨胀，这样无法认清自己。

一个常受情绪影响的人，是无法清楚面对自己的。学习禅法的人，首先要知惭愧、知忏悔。知惭愧就是要检讨自己，知忏悔就是承认自己的错误，从检讨自己、承认错误中重新出发。知过能改，就能随时随地面对自己。

只要对周遭环境细心些，自己的优缺点可从朋友、亲戚、群众的反映中得知。面对别人的指责，要谦虚、广纳众议。如果觉得自己很聪明、优秀，表现高人一等，这种傲慢的人是看不到自己的。谦虚的人才能认识自己，也才能听到许多人给的忠言。也许有人会说："别人提出的建议，并不一定全都是对的。"无论对或错，一样要用心去听，感谢提出意见的人。

"认清自己"，首先要了解自己的缺点，其次是要改正自己的缺点，接着是要不断地谦虚学习。

当我们一步步改正自己，智慧也随之增长，此时要更谦虚。有些大人物，决策时会请教很多人，一旦得到共同结论就照着做。有智慧的领导者，不会说这是自己的智慧，而是心存感恩，感谢大家的努力。执行时不幸发生错误，别人也会谅解。

自己的缺点，自己应该最清楚，可从做事、做人、与人互动中去发现。唯有勇于面对自己，才能"认清自己"。

对自己有交代

唱卡拉 OK 或去 PUB，让工作上的压力舒缓一下，这是一种娱乐的方式，偶一为之也无不妥，夜夜笙歌就真的是在浪费生命。

积极进取的人，对自己期许很高，不会把时间消耗在没有意义的生活上。他们对未来有许多期许与要求，每天都努力地工作着，时时刻刻都在追求各种自我充实的生活方式。

以我个人来说，我一辈子都很忙。记得在军中服役时，同袍空闲时往往在茶馆、赌场、色情场所消磨时间，我白天工作完成了，晚上就看书、写文章。累了，就走出房门，看看星星、月亮，欣赏大自然，可以看到平常看不到的景色，感受平常感受不到的心境，这是“大享受”。

虽然我没有读过初中、高中，但在军中我看了很多书，等于上了大学一样。有人问我：“读那么多书，能做什么?”我说：“不为什么，将来或许有用吧!”到现在，的确很有用，包括自然、社会科学，都能与别人分享。但是，谁知道以前我的同袍都认为我是“怪人”，说我的人生没有意义呢!

在那段军中经历里，我也看到有些同袍常常喝得醉醺醺，摇摇晃晃地回营房来。看起来时间很容易打发，谈笑很快乐，内心却很空虚！

除了白天的工作任务外，他们不知道要把生命的着力点放到哪里去，或是时间该放哪里，心思该放哪里。没有安心处，心无处可安，所以习惯性找那些娱乐场所。但对我来说，那些都不是我要的。虽然我常一个人度过晚上的光阴，但我却过得非常充实，时间流逝，知识却留下来了。

最近有位军中老友来看我，他说："当初大家都认为你不懂得享受，生活过得无趣，现在看你对社会很有贡献，你走的路和我们的的确不一样。"

我和我的朋友都老了，他直到人生快走到终点才觉得虚掷了过去的人生，但我觉得对自己有交代，对社会也有贡献，并不枉费。我想，过去那些独自用功的日子，不错失光阴，不在酒色享乐中逃避人生应有的责任，确实是有价值多了。

人生规划

及早规划人生方向的观念是社会的主流，因为学校老师如此说，老师的老师也是如此说，整个社会都习惯这个想法。但是，这种说法也不尽然全对。

就以我的母亲来说，从我小时候她就告诫我："不用做大人物、大事业，能够平平安安过日子那就是福气了。"我也认为，即使很早就规划人生，但人生并不一定能照着计划走。我有一位信众，最近说不想做官了，另有人生规划。他刚开始做官时应该也想长久奉献，但才短短数年，个人及环境因素让计划改变了。

再如微软创办人比尔·盖茨，年纪还很轻就交棒、退休了，想去从事慈善事业。相信比尔·盖茨年轻时并没有想到微软会赚大钱，而且年纪轻轻就可以退休，过自己想过的生活。

人的遭遇并不是可以事先预料的。不同的时空背景，往往会产生不同的人生价值，因此"生涯规划"常常不可靠。比如我年初就会排好全年的日程表，但往往会因一些变量必须更改行程及计划，这些并不是僵硬不变的。佛家所说"随顺因缘、掌握因缘、创造因缘"，就是这个道理。

"随顺因缘"是说若因缘出现，可以让你成长、发展，那就应该随着因缘去努力完成；这些事如果有五六成情况是你可以接受，且有利社会，就应把握机会，放手去做，这就是“掌握因缘”了。

至于“创造因缘”，因缘初始可能是不起眼的小事，但可以用种种资源来培养因缘。比如本来是个小公司，可以借着因缘而成了大公司，很多的企业家都是如此成长的。

我们无法清楚自己能活到什么时候，又如何能清楚规划人生呢？如果只规划活到六十岁，是不是六十岁以后的人生就不管了？年轻时候有人替我算命，说我大概只能活到六十三岁，但我今年已经七十七岁了。如果我认命地以六十三岁为终点，以后就不再积极做事，那法鼓山这个团体就无法出现了。回头看，我有好几册重要著作是在六十三岁以后才完成的。因为我掌握因缘，不会放弃，所以才能完成许多理想，这是我的经验，提供给大家参考。

懂得放下，才能自在

放下，需要智慧。没有智慧，就放不下。

有位法师在公交车上让座给一位老太太，这位老太太是跟着一位中年人、一个小孩一起上车的。这小孩是老太太的孙子，老太太就把法师让的位子给了孙子坐。

法师心中嘀咕：“我是看你站得不稳，才让座的。”过了两三站，那三个人要下车了，老太太转头东张西望，不是找法师，而是找后面一位她认识的年轻人，要他过来坐孙子空出来的位子。

法师心里想：“怎么有这种人啊？我让的位子，你不坐了应该还给我，至少跟我说声谢谢，竟然还叫别人来坐！”这位法师对这件事耿耿于怀，十多年过去了他还在讲这个故事，这件事说明了人性自私，非常可怜，但连法师也不见得能放得下。

“放下”是事情过了就不再牵挂，不再影响到自己。

我在美国纽约的禅中心靠近拉丁区，治安不太好，有位女信徒晚上来参加打坐、听经，就在某个转角，两个年轻人靠近她，一个人抢了她的皮包跑了，另一个人还对她说：“里面有什么东西？我去叫他送回来。”结果当然是不会送回来的。

这下子怎么办呢？她慌了，手足无措，只能来找我想办法。我说：“快报警。”

“面对它”，是冷静面对自己被抢劫的事；“接受它”，接受这样的事就是发生了，时光无法倒转；接下来的“处理它”，就是报警。

这位女信徒在这件事之后，再也不敢走被抢劫过的路了，有一两年晚间都不敢到禅中心。她觉得太危险，不能再去了；万一又遇到歹徒就太可怕了。后来整个区域治安变好，她才又回来参加共修。

事情发生了，有智慧的做法是看清情势，出门尽可能不带贵重的东西，手提包也不要贵气的。采取了必要的改变和处置，能预防的都做了，就是处理了，就应该要克服恐惧，能放下。

“放下它”，并不是从此不再处理，而是该怎么处理就怎么处理，尽心尽力去做，但内心不忧虑。忧虑是没有智慧的人，懂得放下，才有智慧，才能自在。“放下”是事情过了就不再牵挂，不再影响到自己。

小心而不担心

我曾经在日本电视上看奥运转播，一场游泳比赛里，有位俄国选手是世界纪录的保持者，在他的隔壁泳道是位日本选手。抵达终点的时候，以一秒之差，这位日本选手竟然赢了俄国选手，成为新的世界泳王。后来日本电视台采访这位日本选手："你知道，上次的世界冠军就在你的隔壁泳道吗？"

这位日本选手回答："我不知道在我旁边的选手是谁，我没有注意。如果我分心注意旁边的事物，我大概会慢个两三秒才到终点吧！我只知道全力以赴，拼了全力在水中前进，隔壁泳道是谁我并不在乎。"

这好比是人生过程，有人常是人比人气死人，或者担心别人表现得比自己好，所以要更努力，比别人好。但是这样的"担心"，使他们的努力打了折扣。自卑、嫉妒、忧虑、患得患失，都变成了人要往前进时的阻碍。如果心中有挂碍，要变成第一也难。

所谓"禅"，就是放下当下的自我中心。自我并不重要，重要的是活下去。实实在在地活下去，一步一个脚印地走，不是犹犹豫豫地东张西望，也不是没有目标地乱走，而是认定一个方向，放下自我与利害得失，努力冲刺。

一个球手能不断创造新的纪录，但是他自己不能有这样的期待。如果每次投球都担心结果，反而容易失误。

有位哥伦比亚大学教授说，她高中骑自行车，在小路上远远来了位孕妇。她心想千万别撞到孕妇，心里一紧张，偏偏就真的撞上了。她告诉我："在那当下，骑车就骑车，千万不能想太多。这好像也是禅呢！"

禅是一心无二用的，当下该做什么就全心去做，不偷懒，也不担心，可以做到什么程度就做到什么程度。大家在生活、工作中也是如此，做好当下的事，小心而不担心，才能从容自在。

心定就做事不乱

胡汉民的传记中记载，他是大忙人，有一次朋友拜访他，胡汉民一面接待访客，一面起草稿子，还用一只脚在推着摇篮哄小孩。胡汉民“一心三用”且有条不紊，访客看了非常惊讶，问胡汉民怎么做到的？胡汉民说：“好好做就可以了。”

每个人一天都是二十四小时，要吃饭、睡觉，做很多事。通常我们都认为一个人一个时间只能做一样事，不可能同时做好几件事。事实上，只要好好练习，善加规划时间，可以同时做很多事。

就以我个人来说，如果有好几件事要同时处理，我会把“自我中心、自我立场、自我价值观”全部放下，积极面对，就能做得快且不会出错。我常面对厚厚一叠文件，每份文件都亲自看，且要当下判断是否签字，在那同时又得开会，开会时还有电话要接。同时应付这么多事，怎么办呢？

我的做法是，开会时，只对会议最后决议做判断，会议过程一面看公文，一面听听大家的意见，甚至可以接听电话。忙却心不乱，决策也不会出差错。

禅宗有一个公案，老禅师被弟子问起：“师父，如果千千万万种景象同时在您面前出现，要如何处理？”老禅师说：“黑的不是白的，红的不是蓝的，是什么就是什么，我不在里头。”

老禅师的意思就是，我既不黑，也非白、红、蓝，它们是什么就是什么，不必受其困扰，就能保持自我的清明。不论眼前信息多混乱，心中都是保持原有样貌，就会很容易处理问题。当然，要达到这种境界是需要训练的。平常就要训练处理自我情绪，淡化自我。看淡自己后，做任何事情就不会瞻前顾后、思前想后、难舍难取，一切的优先级变得很清楚，也就不会混乱了。

相反的，如果不能看淡自我，同一时间处理许多样事情时，往往许多人事会混杂在一起，就像计算机的乱码一般，理不出头绪，事倍功半。许多政治家、企业家、宗教家都是因心定而不乱，做起事来事半功倍，而迈向成功之路。

稳重不是无能

人生有许多事，是不服气也得服气呀！上班族如果觉得老板或上司并不高明，不必偷骂老板，你也可以有其他的选择。孔子说："危邦不居，乱邦不入。"他懂得明哲保身，也不轻易为昏庸的君王所用。所以，如果组织的领导人太无能、太腐败，看起来真是没有希望了，这时如果你能够向更高层的人反映就努力试试，看能不能改变现状，也许这正是调整组织的好机会。

反过来想，或许主管坚持你看来并不高明的决策，那是因为他看到你并没有看到的层面，他自有道理。可以退一步想想，是不是有这样的可能？

另一种想法是，或者你真的看出主管的无能为力，看出唯唯诺诺的做事方式并不适合你的性情，这样的组织再留下去也没有希望，就看你是否需要这份工作，否则大可另找可栖的良枝。

有时候，我觉得现代人工作的流动率太大了。个人意识太强，一点不称心如意就拍拍屁股走人，一点都不给自己或对方留转圆余地。有人一年换好几个工作，这样对人生的历练并不好。

如果你的工作可以让你学到经验，你不妨安定地做一段时间，累积一点经验，在不完美的工作环境里试试自己有多少能耐，能够扭转情势。真的势不可为了，再决定换另一个工作，这样可能是比较负责任的做法。

否则，当你再去找新的工作，拿出履历表时，若是一年到头都在换工作，别人可能对你会不太放心，觉得你的稳定度不够，担心会不会只要有压力又立刻跑掉？会不会大的任务就不能交给你？薪水也不敢给你太高的承诺。

如果你的主管一点都不含糊，而是十分精明，事事都想得比你远，看得比你清楚，点子多，反应快，那在他的眼里你也可能成了“低能属下”了，或许那个时候你更痛苦呢！因为永远跟不上主管的变化。也或者，主管的反应是因为他必须听命更高层的决定，但在下位的人看不到前面的决定，反而误会了主管，让他枉做“猪头”。

有时，主管的“稳重”并不是“无能”，不妨试着去欣赏他的优点。毕竟，训练自己的适应力是职场的必修课。

把弱者变强者

在一个团队里，有人付出较多，有人依赖别人。依赖者与付出者看似两种类型的人，但换个任务，原本的依赖者却可能变成付出者，两种角色可能在同一人身上出现。

比如说，某个人可能因工作兴趣，以及工作热忱和理想、目标，会在工作上全力以赴，尽心付出。但在与同事相处的问题上，可能就会变得很被动，反而成为依赖者。

因此，依赖与付出并不是一成不变的。作为领导者或负责人，应该随时对于多付出的人给予鼓励、嘉许。对于依赖者，要了解造成依赖的真正原因，如果只是一时无法适应，只要状况改善，就可能从依赖者变成主导者了。

不过，社会上也有一些人从小就依赖别人，不愿意付出。这些人也许天生资质较弱，自信心不足，从小到大已习惯依赖别人，做事都是被动的，缺乏积极性。

对于这种个性消极的人，必须用耐心改变他的习性、观念，以及对事、对人、对己的态度。要告诉他众生平等，任何众生都有机会成佛，但成佛是要靠不断的努力、修行。所谓的修行，就是修正我们的身心、思想及语言行为，不断地修正、精进，就能成佛。

如果做人抱持得过且过的态度，一辈子这样过，两辈子、三辈子也都是这样过，那人生就白白浪费了，距离成佛之路就会愈来愈远。

我们团体里也有非常被动的人，但毕竟是少数，而且大部分经过训练后都能发挥己身的功能。少部分真的无法跟上的，有时也会有人向我建议：“太难调教，不如把他开除算了！”

我说：“杀人的人还能放下屠刀，立地成佛，更何况只是疏懒？只要他们不犯大错，慢慢建立他们的自尊心与团体责任心就可以了。”

有位出家两三年的弟子，经常在害病，常像只病猫似的睡在厨房，弄得一身灰；上课、工作也时常缺席，找了半天，才发现在睡觉。像这样的人，领导者不该赶走他，而是要协助他调养身体，把病养好。现在他对于所担任的职责，就做得很好。

因此，对这些依赖者，不要让他们自生自灭，而要帮助他们，让他们走出来，成为团体及社会有用的人。

事必躬亲，累死自己

要想带领身边的人落实自己的想法，且能积极做事，领导方式一定要循序渐进。带人带心，不能躁进。

法鼓山对弟子的训练方式是，先让新进人员了解工作的技巧、知识，也就是先教育再实践。这是投资，也是训练。我们不会要求新人一来就得工作，而是先了解基本原则，明白制度是怎么运作的；有疑惑时，随时向资深的工作同人请教。了解一切运作规范后，才会开始赋予他们工作和任务。

不过，新人上路难免不够熟练，要先预留时间、空间让他们成长。比如两个小时能完成的工作，他们可能要做上两天，因此要预留学习时间。经过几次摸索，熟能生巧，可能就会从两天缩短为一天、半天完成，以后也可以在两小时内完成。有些人见到下属工作还没达到要求，往往急着抢下来做，这是不成功的主管。没有耐心等待下属成长，事必躬亲，只会累死自己，成就不了大事。

我有一个弟子很聪明，说话条理清楚，做事积极，忠诚度也高，于是提拔他当中层主管，带领两位小主管。但这位徒弟对下属做事非常不放心，任务交办下去后，不到两天就收回来自己做，每天累得半死。大伙睡觉时他还在忙，一早大家起床了他却还在睡觉。

结果，他的办公桌上文件叠得很高，做都做不完，身体也搞坏了；下属却闲得没事做，只好辞职。我只得把这位主管换了。事必躬亲的结果，自己分内的事没做好，下属的工作也被耽搁了。

我告诉这位徒弟："你们做的事情，师父不曾抢过来做；即使你们做得慢、方向做偏了，我也只请你们来谈谈，了解问题症结，一一克服，但师父不会全拿回来自己做，否则我们团体是不会成长的。"

我对管理问题非常重视层次，上下分工、分层负责，唯有这样，团体才能顺畅运作。看到属下没做好就拿回来自己做，这是很糟的领导者，这会让下属不能成长，也因领导者的不放心，让下属感觉被看轻。这些都会造成人才损失。

面对贫穷的勇气

一般人在习惯安逸平顺的生活以后，要由奢入俭，抛弃原来的阔绰习惯，的确是很困难的。《红楼梦》里的贾府，盛世时过得很风光，但贾府没落了，开销还是要照常，当家的人就很辛苦了。

面对还债压力，首先要做到能屈能伸，不要怕丢脸，要面对它、处理它。有的人很慷慨、很豪爽，有钱时拿钱给大家用，一旦没钱了就不知该怎么办？其实处理的方式很简单，就是老实地告诉大家："我没钱了！"

过去有一位寿冶老法师，他是越南解放前最后一位总统杨文明的师父。老和尚在越南时非常有钱，随时布施。越南解放后，老和尚和几位年轻的出家人逃到美国。老和尚说："现在到了美国，我们都没钱了，你们身上的钱全都拿给我作为大家的生活基金，否则就不要跟我住在一起。"老法师的做法是对的，有钱时该慷慨就应慷慨，没钱时也不必硬撑面子。这就是出家人的本事了。

现在一些卡债族，没钱了就应面对没钱的事实，过去吃好的、穿好的、用好的，现在就不能这样了。四十年前，曾经有位建筑商带全家人来皈依，一番心意要护持我，要建道场，我很感谢他。但半年后这位弟子突然不见了，找到后他说不好意思见师父，因为生意垮了，现在住在朋友的小阁楼上，一家五口一天只能够靠一把面过日子，既不敢见师父，也没有办法面对世界。

我问他："是不是有很多债主找你？"他说："是。"我要他面对债主，他说："债主会逼死我。"我说："告诉债主，逼你死是犯法的事，也拿不到钱，让你活下去反而有机会还钱。"后来难关渡过了，他再度站起来了，他的孩子们也很有成就，有当律师的，也有当医生的。

这位建筑师的人生起落很大，但他有勇气活下去，有勇气面对贫穷，不放弃生命，所以走出来了。人要学习能屈能伸、能贫能富，富时不要忘了贫时的生活，贫时要忘了富时的生活，这样一定能渡过难关。

演好人生大戏

所谓“白活了”这种感觉，主要是因为没有成就感。人的生命过程中，如果没有一定的生命目标，也没有生命的归属感，难免会产生“白活”的感叹。

这就和小动物一样，从出生到死亡，并无更高层次的意义，没有目标，也不知该做些什么，累积了什么。一个人如果没有累积成就，回首前尘时，常会感叹生命好像是多余的。

因为他们想象中的人生价值，是在于儿孙满堂、高官厚爵，在于富贵、名誉、地位，有形的、有量的、可数的，才会觉得一生过得值得。有人生了很多小孩，且个个有出息，事业有成，他就会有成就感。也有一些人，要赚了很多钱，开了好几家公司，才会觉得有成就感。

我在大陆的俗家三嫂，生了五六个孩子。有一次我到大陆探亲时，她很高兴地向我说：“小叔，我为你们家族生了好几个孩子，而且都养大了!”她的意思是说，我没有替家族留下香火，她却生了五六个孩子，语气中充满成就、满足感。她把孩子带大的确是一种成就感，我对她说：“辛苦你了!”

我们常看到一些人，既未做官，也没赚钱，家境没有变得更好，日子在平淡中一天一天地度过，转眼过了大半辈子，没有什么数字可以看出自己这辈子的成绩，就好像是白过了。

其实，生命并没有白过。每个人都为自己的生活、生存而努力。虽然有些人没有能力储蓄，但每天还是得为三餐打拼。也许在大社会中个人只是配角，但在自我人生大戏中却是不可变换的角色，即使仅是跑龙套的角色也要尽心演出。

一出戏，要有主角、配角和跑龙套的，每个人尽心演出，戏才会精彩、好看。人生也是如此，主角也罢、配角也罢，只要好好演好人生大戏，自食其力，尽其在我，人生就没白过。因为主角只是少数，大部分人都是配角。只要认清自我，演好自己的角色，自己就是主角。所以，世界上没有一个人是白过日子的。